JD67.201513

Gaozhi Yuanxiao Jiaoshi Zhuanye Fazhan Yanjiu
Jiyu Ningbo Shi Liu Suo Gaozhi Yuanxiao De Shizheng Yanjiu

高职院校教师专业发展研究：
基于宁波市六所高职院校的实证研究

王　琪　　任君庆 / 编著

ZHEJIANG UNIVERSITY PRESS
浙江大学出版社

目 录

第一章　高职院校教师专业发展的基础研究

第一节　教师专业发展内涵及特征

一、相关概念辨析

在研究教师专业化内涵前，有必要先界定"职业"和"专业"的概念，以及职业与专业的关系。

（一）职业的概念

在中文里，从词义学的角度分析，"职业"一词是由"职"和"业"两字组合而成的。"职"字包含着责任、工作中所担当的任务等意思；"业"字包含行业、业务、事业等意思。《现代汉语词典》将"职业"解释为个人在社会中所从事的作为主要生活来源的工作。

对于"职业"的学术定义，各种不同学派的专家和学者着眼于不同的研究目的，从各自不同的立场出发阐述了对于"职业"的不同理解，比较有代表性的是社会学家和经济学家的观点。

1.社会学家对职业的定义

美国社会学家泰勒在其《职业社会学》一书中指出："职业的社会学概念，可以解释为一套成为模式的与特殊工作经验有关的人群关系。这套成为模式的工作关系的结合，促进了职业结构的发展和职业意识形态的显现。"

美国社会学家塞尔兹认为，职业是一个人为了不断取得个人收入而从事的具有市场价值的特殊活动，这种活动决定着从业者的社会地位。日本社会学家尾高邦雄认为，职业是某种一定的社会分工或社会角色的持续实现，因此包括工作、工作场所和地位。

我国学者吴国存综合以上观点，将社会学的职业含义概括为：第一，职业首先是一种社会位置，个人取得这种位置的途径可能是通过社会资源的继承或社会资源的获取。但是，职业不是继承性的，而是获得性的，是个人进入社会生产过程之后获得的。第二，职业是已经成为模式并与专门工作相关的人群关系，或者说是已经成为模式的工作关系的结合。它是某种从事相同工作内容的职业群体。第三，职业同权力密切相连。一种是拥有垄断权，每一种职业（群体）的社会分工，都有自身的位置和作用，是别人对他们的依赖，对他们的需要，这就在一定程度上拥有了对他人的权力，而且总要维持这种权力，保持自身的垄断领域；另一种是经济收益权，任何一种职业（群体）凭其被他人所需要、所依赖，获得经济收入。第四，职业是国家授予和认可的。任何一种职业，必定为社会所承认，职业的存在有法律效应。

2. 经济学家对职业的定义

日本劳动问题专家保谷六郎认为，职业是有劳动能力的人为了生活而连续从事的活动。国内有些学者认为，所谓职业，是指人们从事的相对稳定的、有收入的、专门类别的工作。职业是人的社会角色的一个极为重要的方面。另有学者给职业以下定义：职业是劳动者足够稳定地从事某项有酬工作而获得的劳动角色。

经济学上的职业概念更强调职业的经济特殊性。人们从事某种职业，必定从中取得经济收入。换言之，劳动者就是为了不断从中取得收入，才较为稳定、长期地从事某一项社会分工，从事该项社会职业的。没有经济报酬的工作，即使其劳动活动较为稳固，也并非职业。经济学家同时也认同，职业是一种社会活动，是社会分工体系中劳动者所获得的一种社会劳动角色。

3. 职业的特征

虽然社会学家和经济学家对职业概念的分析各有侧重，但他们都涉及了职业的三个最重要的特征。

一是经济特征。从个人角度看,人们从事特定的职业,必然从职业劳动中获得经济报酬,以达到满足自身生存和发展的需要。因此可以说,职业是个人获得经济收入的来源,是个人维持家庭生活的手段。从社会角度看,职业的分工是构成社会经济制度运行的主体,职业劳动创造出社会财富,从而为社会的存在和发展奠定了物质基础。

二是社会特征。职业本身就是社会发展的产物,每一种职业都体现了社会分工的细化。社会成员在一定的社会职业岗位上为社会整体做贡献,社会整体也以全体成员的劳动成果作为积累而获得持续的发展和进步。

三是技术特征。任何一个职业岗位,都有相应的职业要求,而要完成职业岗位的职责要求,必须具有特定的知识和技能。所有的职业岗位都对任职者的学历证书、职业资格证书、专业技术考核证书、上岗培训合格证、专业工作年限等有具体规定,只有达到职业岗位的起点要求才能上岗。

综上所述,我们可以为职业下一个比较全面的定义:职业一般是指人们在社会生活中所从事的、以获得物质报酬作为自己主要生活来源并能满足自己精神需求的、在社会分工中具有专门技能的工作。

(二)专业的概念

专业,目前有两种意义上的理解,一种是教育学意义上的,主要指学科分类(speciality),如中文学科专业;另一种则是社会学意义上的,指专门职业(profession)。本书的"专业"则特指后一种。

1933年,社会学家卡尔·桑德斯和威尔逊在他们的经典研究《专业》一书中,首次为专业下定义。他们认为:"所谓专业,是指一群人在从事一种需要专门技术的职业,是一种需要特殊智力来培养和完成的职业,其目的在于提供专门性的服务。"[①]

郑肇桢对于专业内涵的认定可以概括所有观点,即专业具有八大特征:(1)有极重要的社会功能;(2)有相当的工作难度及复杂的技巧;(3)工作者常需解决新的问题;(4)需有一套在工作时的道德守则以自律;(5)需

---

① 台湾师范教育学会.教育专业[M].台北:师大书苑有限公司,1992.

要长时间的学习,并且只在高等学府中或在相同的水平上才进行学习;(6)工作者必须有若干决策自由,以应付常规以外的事态;(7)工作者要有严谨的组织,以制定工作之应有标准,包括工作条件及应负之责任;(8)由于受较长时间训练及负相当责任的影响,故其享有的社会地位及待遇,都比一般职业要高。[①]

(三)职业与专业的关系

通过对职业和专业的概念分析,从社会分工与职业分类的角度看,职业是人赖以生存的社会分工,是谋生的工作;专业又可称为专门职业,是社会分工、职业分化的结果,是社会分化的一种表现形式,是人类认识自然和社会达到一定深度的表现。专业高于职业,专业更强调从业人员的社会责任感和社会服务精神,而职业只是一种谋生手段。职业的本质在于"重复"某一个行业的基本操作行为,并不需要过多的"心智"劳动。专业的本质却在于不断改进、完善和创造。一般来说,从事专业化劳动的群体多为脑力劳动者。他们需要一定的专业知识、专业技术、专业理论、专业素养和专业精神。[②]

(四)教师专业化与教师专业发展

1.教师专业化

教师专业化的基本含义包括:第一,教师专业化既包括学科专业性,也包括教育专业性,国家对教师任职既有规定的学历标准,也有必要的教育知识、教育能力和职业道德的要求。第二,国家有教师教育的专门机构、专门内容和措施。第三,国家有对教师资格和教师教育机构的认定制度和管理制度。第四,教师专业化是一个发展的概念,既是一种状态,又是一个不断深化的过程。[③]

2.教师专业发展

一般来讲,按不同的构词方式,汉语中的"教师专业发展"可有两种理

---

① 郑肇桢.教师教育[M].香港:香港中文大学出版社,1987:8.

② 梁丽珍,马丽君.大学体育教师专业化的内涵、标准及实现途径[J].考试周刊,2008(23):13-14.

③ 陈永明,朱益明,胡章萍,等.教师教育研究[M].上海:华东师范大学出版社,2003:98.

解:一种是"教师专业·发展",按这种构词方式,"教师专业发展"可能被理解为教师所从事的职业作为一门专业,其发展的历史过程;另一种是"教师·专业发展",按这种构词方式,"教师专业发展"则被理解为教师由非专业人员成为专业人员的过程。从现有的研究文献来看,研究者一般是采用后一种构词方式来理解的。

3.联系与区别

"教师专业发展"与"教师专业化"这两个概念,在不同的研究文献中,研究者的理解是不同的。研究者较为统一的认识是,"就广义而言,两个概念是相通的,均用以指加强教师专业性的过程。当将它们对照使用时,主要可以从个体、群体与内在、外在两个维度上加以区分,教师专业化主要是强调教师群体的、外在的专业性提升,而教师专业发展则是教师个体的、内在的专业性的提高"①。

"教师专业化"更多的是从社会学角度加以考虑的,"教师专业发展"则更多的是从教育学的维度加以界定的。从"教师专业化"到"教师专业发展",不仅仅是一个概念的变化或话语的转变,还反映了教师专业发展过程中的两个转向,即由教师群体专业化转向教师个体专业化和由教师被动的个体专业化转向教师积极的个体专业化,即教师专业发展。

"教师专业化"体现的是一种教育思想或思潮,是一种教育制度;而"教师专业发展"则包含的是一个教师的成长过程,是一种具体的实践过程。②

二、教师专业发展的内涵及特征

(一)教师专业发展的内涵

国内外对教师专业发展的理解多种多样,但归纳起来主要有三类:第一类是指教师的专业成长过程;第二类是指促进教师专业成长的过程(教师教育);第三类认为以上两种含义兼而有之。我国学者倾向于把教师专业发展理解为教师专业成长或教师内在专业结构不断更新、演进和丰富的过程。③

---

① 叶澜,等.教师角色与教师发展新探[M].北京:教育科学出版社,2001:208.
② 陈新文.论教师专业化及其发展[D].武汉:华中师范大学,2003.
③ 叶澜,等.教师角色与教师发展新探[M].北京:教育科学出版社,2001:222-224.

教师专业发展主要指教师个体专业性发展，是教师作为专业人员，从专业思想到专业知识、专业能力、专业心理品质等方面由不成熟到比较成熟的发展过程，即由一个专业新手发展成为专家型教师或教育家型教师的过程。

（二）教师专业发展的特征

一是过程性。教师专业发展是一个过程，职业专业准备、入职专业辅导和在职专业提高都是教师专业发展的必经阶段。

二是专业性。教师专业发展是最后逐渐符合专业标准，成为专门职业并获得相应的专业地位的过程，是职业趋近专业的过程。

三是发展性。教师专业发展是一种积极的、持续的发展，是从职业新手到专家的趋势，而不是消极、间断向度下的变化状态。

四是立体性。教师专业发展有不同侧面和不同等级，包括专业理想的建立、专业知识的拓展、专业能力的发展和专业自我的形成等专业维度的具体内容。

三、高职院校教师专业发展的内涵及特征

（一）高职院校教师专业发展的内涵

通过上述对教师专业发展概念的探讨，可以推演出高职院校教师专业发展的内涵。

从教师个体内部维度探讨，高职院校教师专业发展主要指高职院校教师个体专业性发展，是高职院校教师作为专业人员，从专业思想到专业知识、专业能力、专业心理品质等方面由不成熟到比较成熟的发展过程，即由一个专业新手发展成为专家型教师或教育家型教师的过程。

从教师个体外部维度探讨，高职院校教师专业发展则是促使高职院校教师成为专门人员、提高其专业地位的过程，其目的在于使高职院校教师职业成为专门职业，即以高职院校教师职业的专业标准为依据，通过一定的措施和手段促使高职院校教师从非专业人员或半专业人员转变为专业人员的过程。①

---

① 刘育锋.论职教教师的职业属性[J].中国职业技术教育，2007(11)：33-35.

（二）高职院校教师专业发展的特征

一是教育性。教育性是教师职业的根本属性，是所有类型、所有层次教师专业发展必须具备的属性。高职院校教师的专业发展必须建立在教育性的基础之上。这就要求高职院校教师必须掌握一定的教育教学知识，并能够运用相关知识解决教育实践中的问题，以符合教师职业的基本要求。

二是知识性。高深、专门知识的教与学是高等教育的主要活动，作为高等教育其中一种类型的高职教育自然也具备这一特征。高职院校教师虽然不像研究型大学教师那样主要以探索未知知识为目的，教学中不是主要传授那些"处于已知与未知之间的交界处"的知识，但其传授的知识、研究的内容仍是一般人所不能企及的。因此，高职院校教师应该具备一定的"高深、专门知识"，以符合高等职业教育"高等性"的要求。

三是职业性。不同于普通高等教育，高等职业技术教育以培养技术技能人才为目标，强调校企合作，培养过程突出实践导向、工学结合，课程结构和内容强调应用性。这就要求高职院校教师具备一定的职业实践经验，了解行业发展的基本趋势、企业生产的基本流程，能够指导学生职业实践，以符合职业技术教育的"职业性"要求。《教育部关于全面提高高等职业教育教学质量的若干意见》（教高〔2006〕16 号）明确提出，要"安排专业教师到企业顶岗实践，积累实际工作经历，提高实践教学能力"。

教育性是教师职业的本质规定，是教师职业区别于其他职业的根本属性；知识性是高等教育教师职业区别于其他层次教育教师职业的根本属性；职业性是职业院校教师——自然也是高职院校教师区别于其他类型学校教师的根本属性。因此，教育性、知识性和职业性三者的交集才是高职院校教师专业发展的应然方向。其中，作为类型特色的职业性又决定了教育性和知识性要具备职业性的特征，如：高职院校教师要把握职业教育规律，能够结合高职院校学生的特点设计并有效地开展教学；高职院校教师需要掌握的知识不同于普通本科院校，应以技术知识为主。①

---

① 王琪.高职院校教师专业发展的三个向度[J].中国高等教育评论，2014（5）：212-213.

第二节　教师专业发展的国际比较

一、国际教师专业发展的特点、影响因素与趋势

在本节,我们试对美国、英国、法国、德国、俄罗斯、日本及其他个别发展中国家的教师专业发展特点及相关影响因素和趋势加以分析。

(一)美国教师专业发展的特点与影响因素

1.特点

美国教师专业发展最首要的特征就是系统性。教师专业发展将联邦和州的教育目标、责任、课程机构和课堂实践等,在实践层面上,制约于政府、教育决策者、教师、学生、家长和教育研究人员等。除此之外,教师专业发展还受到社会和教育等方方面面的影响,专业发展的系统化也使职前、在职教师教育与教师专业发展相互交错。在深层次的探讨上,美国教师专业发展更体现为美国学校教育实践的革新和教育体制的完善。

美国教师专业发展理念,经历了从传统向现代范式的转换。最初,美国教师专业发展的理念非常模糊,实践混乱。随着时间的推移,美国教师专业发展以规模的扩大、内容的深化、评估标准的多元化为关注重点,形成清晰、连贯的模式,各方共同打造了系统的、有规划的教师专业发展理念。美国教师专业发展也从关注成人的需要和满意度,转变为关注学生的需要和学习结果以及教师工作中的变化。

美国教师专业发展虽在政策上获得了支持,有关团体和组织的报告建议众多,涉及美国教师专业发展的课程、教学、教师素养、学校等方方面面,在初期也使实践受益匪浅,[①]但后期就出现了"以报告代政策、以口号代行动的倾向",造成了行动远远滞后于言语的现象,这成为降低美国教师专业发展效率的原因之一。

2.影响因素

连续的政策性建议和报告为教师专业发展提供了强大的支撑。最早

---

① COLLINSON V, ONO Y. The professional development of teachers in the United States and Japan[J]. European journal of teacher education,2001,24(2):229.

可追溯到 1986 年《准备就绪的国家:21 世纪的教师》报告,该报告为美国教师专业发展的物质保障、内外环境、教师队伍、教师专业水平、教师奖惩和教师组织建设等提出了许多好的建议。之后,20 世纪 80—90 年代的《明日的教师》《明日的学校——专业发展学校设计原则》《明日的教育学院》三个系列报告提出了美国教师专业发展的许多设想和建议。1996 年《什么最重要:为美国未来而教》指出,教师的专业知识直接影响到核心教学任务的完成。1999 年召开的"教师质量大学校长高峰会议"集中讨论了大学在增强教师教育上的重要性。[①] 2000 年的鉴定和认可教师教育机构的《2000 年标准》,强调了教师候选人所能展示的学科知识及将这些知识教授给学生的技能。

多类型的教师组织推动了美国教师专业发展。诸如美国全国教育协会这类的职业性利益集团,美国教学和未来委员会等由基金和公司资助成立运作的常设的非营利性机构,还有全国的、独立的师资培育认可机构[②],如全国师范院校资格审鉴委员会这类比较权威的组织。此外,全美教学专业标准委员会等组织也在促进美国教师专业发展方面推波助澜。

社会文化心理影响了美国教师专业发展进程。长久以来,美国将教师看成"课堂警察"和"牛奶管理员",教师所处的地位夹在普通职业和专门职业之间。时至今日,教师的工作条件、工资水平、福利待遇和社会声望,也不如医生、律师和建筑师等职业有吸引力。美国师范学生从事教育行业率很低,缘于公众对教师职业认可度的低下,这也影响了美国教师专业发展的进程。

(二)英国教师专业发展的特点与趋势

1. 特点

一是师资培育培训形式和内容多样化。英国教师在职培训在时间上分为全日制脱产培训、部分时间制的半脱产培训和业余不脱产培训,内容涵盖课程学习与编制、学科会议、专业讲座、研讨会、示范观摩课、展览活动、参观等。长期课程有学位课程和证书课程等,长期课程与提升教师学

---

① 袁振国.中国教育政策评论 2001[G].北京:教育科学出版社,2002:236.

② 张德锐.美国教学专业化的三个机制作用及其借鉴[G]//师资培育与教育革新研究.台北:五南图书出版有限公司,1998:13.

历和骨干教师的教育科研能力相关。短期课程则与教学实际需求相关。形式上，英国的教师培训系统十分多元，有师徒制、阶段式、流动、"三明治"等系统，从而多途径、多渠道、多形式地培养师资。

二是强调教师专业发展的一体化。教师成长的整个历程，将职前和在职教育连为一体，强调职前和在职教育的衔接和过渡，英国教师职前培养与职后培训由同一机构实施。入职第一年有针对职业不适情况的培训，第二年和第三年有鼓励早期专业发展的资助计划，充分体现了教师职业生涯理论，有效促进了教师在整个职业生涯中的专业发展。

三是注重教师在实践层面实现专业发展。"实践导向"极其强烈，这不仅受英国历史因素影响，也受到了国际范围内教师专业发展思潮与理念的深刻影响，并延续到当今的工作中。在评估、管理、考核、绩效等维度的实践中，采取多种措施，促进教师专业向纵深发展。

四是加强国家对教师专业发展的引导。英国是没有政府干预教育的历史传统的。但随着近年来英国在教师教育方面的控制和督导，政府秉持"重实践、重业绩"的理念，改革教育教学制度的力度极其大，这促进了英国教师教学实践能力的提升，促进了教师专业发展。

2. 趋势

英国教师立足实践，以业绩为基准的同步改革教师评估制度等配套措施，旨在通过整体革新，激发教师专业发展内生动力，并为其创设有利的外部条件。此外，英国教师专业发展的重点是从关注群体专业化到关注个体专业化。目前，英国教师专业发展呈现从被动专业化逐渐走向教师主动专业化的趋势。最后，英国教师专业发展在面临阻力的情况下，能秉持包容并蓄的传统，找到平衡各方利益的突破口，坚持改革。

(三)法国教师专业发展的特点、影响因素

1. 特点

法国教师专业发展是教育内部激烈的碰撞。建立大学教师培训学院，将对各级各类教师的教育指导集中到一个机构。改变以往根据所受教育类型和学历划分教师等级的情况，消除各种各类教师之间的天然屏障。但随之而来的是各级各类培养培训理念、教法等多方面的摩擦逐渐凸显。

法国教师专业发展自始至终得到了连续的政策支撑。法国是具有中央集权传统的，多年来，法国政府颁布了多项有关教师专业发展的法令，如 1972 年的《关于初等教育教师终身教育基本方针的宣言》、1979 年的《教育改革计划》、1982 年的《教师教育报告》、1986 年的《对母育学校的方向指导》、1988 年的《勒逊报告》、20 世纪末的《教育方针法》等政策,使法国教师专业发展科学地进行,政府对教师专业发展的理解逐渐明晰起来。

法国教师专业发展轻实践,重理论。法国教师培训里,基本教育理论与教学法等理论课程占总课程的比例十分大,所占比例十分可怜的教学实践也存在着严重的教学与实践脱节和形式化、机械化的问题。

2.影响因素

执政理念的更迭直接影响教师专业发展走向。左翼与右翼政府执政党政治理念的不同,决定了其教育视野的不同。就右翼政府的构想——以大学教师培训学院的成立为例,为不引政敌非议,在短时间内使其遍布全国,但因并未做科学的论证和充分的讨论,在实践层面存在很多不足。

教师群体两大团体的内斗极大影响了教师专业发展进程。"全国小学教师工会"这一代表专业人士利益的专业组织与代表学术界利益的"全国中等教育工会",在专业文化取向上迥然不同。前者倾向于教学法,后者则强调系统严格的理论知识。大学教师培训学院的建立尝试对两者的争斗进行调和,但事与愿违,引起了很多非议。

热心教育的传统影响教师职业发展的未来。法国一直有着浓厚的尊师重教氛围,民众对教育的关注度极高。拿破仑时期,法国就规定教师属于国家公务员。教育工作者在法国拥有着丰厚的薪酬福利待遇,终身不失业等极大的保障。法国的教育财政预算开支也非常高,这都极大地促进了法国教师专业发展。

(四)德国教师专业发展的特点与趋势

1.特点

德国教师专业发展呈现"三个阶段""两个形式""各州自治"的特点。"三个阶段"即修业阶段、见习阶段、进修阶段。"两个形式"即按基础学校、主要学校、实科学校和完全中学等不同的要求培养教师,还有就是根据初等教育、中等教育第一阶段和中等教育第二阶段等不同的教育阶段,分别培养教师。[①]

---

① 滕大春.外国教育通史:第 6 卷[M].济南:山东教育出版社,2003:272.

培养师资的课程兼顾理论与实践。培养师资的课程要求师范生必须修读两门执教学科，为毕业后进行教学打下坚实基础。此外，培养师资的课程里强调教育学、教育心理学、专业教学法等教育学科课程的学习，促进教师专业理论水平的提升。尤为重视师范生的教育教学实践，在修业阶段、见习阶段、进修阶段都安排了不同时间的见习，还硬性规定修业阶段毕业后进行为期两年的见习期，以便师范生能顺利适应一线教学实践。

德国教师专业发展在各方面体现"尊师重教"。德国教师都是国家公务员，领取公务员的固定工资，到达一定年龄还可以领取养老金，因此，吸引了大批优秀人才从教。故而其可以对报考师范专业的学生进行严格的入学筛选、职前训练、入职考核和职后再培训等，又反过来促进"尊师重教"氛围的进一步沉淀，形成良性循环。

2.趋势

德国教师专业发展的趋势集中体现在强化专业化培训和把培训模式改为发展模式上，令师范生对执教学科的深度与广度、传统、理论结构、知识结构、关键概念、用途功用、研究前景有切实的了解。此外，进一步引导师范生分析与反思执教学科的目标、条件、过程和结果，掌握教学计划，设计、实施和评估方法，知悉课程开发与改革等；培养学习情境构建能力、教学组织能力、教学技术应用能力、了解学生能力、认知社会能力等；加强师资培养与见习阶段的衔接；在学历层面，进行学士和硕士两级的改革试验。

（五）俄罗斯教师专业发展的特点与趋势

1.特点

俄罗斯在教师专业发展理念上，注重教师职业的个性和创造性。教师作为一种专门职业，区别于其他职业的最根本特征，就是个性和创造性。在教师专业发展的目标和内容方面，则表现出将培养教师作为一种个性化的职业。

俄罗斯的教育界，强调教师专业发展是连续不断的过程。不同的师资培训机构衔接教师专业发展过程中的不同阶段。因而俄罗斯将不同的师资培训机构进行整体规划、合理配置，呈现出追求整体性和系统性的目标与理念。

俄罗斯教师专业发展理念更关注教师职前培训。其注重从整体上引导教师专业发展过程，但更注重使学生转变为教师这样的身份转换过程。

2. 趋势

俄罗斯教师专业发展除了强调教师专业发展的个性化和创造性、教师教育的一体化发展及构建连续师范教育体系外,还出现了新的发展趋势和要求。在教师专业发展质量维度上,俄罗斯重点关注教师专业发展的国际化,如要求对国内外的教育质量管控系统层面的经验进行比较研究,分析提炼国际教师教育质量证书等方面的经验。此外,俄罗斯还开展和组织了促进教师专业发展国际交流的活动。这些都是俄罗斯在教师专业发展质量层面与国际适应和对接的新举措。

(六)日本教师专业发展的特点与趋势

1. 特点

日本围绕经济中心进行师资培养贯穿教师专业发展的整个历史,决定了日本教师专业发展的内在连续性。在第二次世界大战后为迅速发展经济而培养人才的理念下,日本师资培养民主化、开放式的改革旨在服务经济发展,在这样的大背景下,教师专业发展亦如此。20 世纪 60 年代开办九年制的工业教师培训所,充分证明了这一点。

日本教师专业发展以制度化和法律化为主要特征。1872 年《学制令》颁布后,教师专业发展方方面面都渗透了法律制度的规范,如《学校令》《师范学校令》等。二战后,日本教育立法实行分权制,严格的立法程序使日本教师专业发展的教师地位、待遇、师资培养方式、课程设置、教师资格、教师考核,甚至具体到请假、津贴和补助等都有具体化的规定,也使日本教师专业发展有法可依,规避了政府和个人权力对教师专业发展的干涉。

日本教师整体专业化水平较高。二战后,教师专业团体自主性加强,某种程度上促进了教师资格制度与认定制度的完善。日本政府历年来都运用命令方式对待教师进修,实施的各种制度措施使日本教师专业发展起点高、保障好。日本中小学教师学历要求普遍高于其他国家,硕士比例很高。

2. 趋势

一是以人为本。20 世纪 90 年代,日本政府已经意识到以经济发展为中心给教师专业发展带来的负面影响,此后日本的教师教育改革,逐渐注重教师个性能力的发挥和完善人格的培养。

二是教师教育"开放化"。20 世纪 90 年代在修改的《教师许可证法》和三次教师教育咨询报告都提到,让教师教育的组织形式和设置内容更加灵活多样。例如筑波大学面向 21 世纪的改革期望打破以往整齐划一的、刻板机械的教师专业发展模式，创设一种区别于以往的面向社会、面向世界的开放的教师教育。

三是教师能力的个性化。长久以来，日本社会对学历的过度重视，使日本教师专业发展过程中出现了忽视从教的实践能力的倾向，极大地削弱了教师个体发展的专业情意与能力。针对这一问题，20 世纪 90 年代后期的三次教师教育咨询报告就充分证明，日本政府清醒地看到了上述不足，在促进教师能力的个性化发展方面已经有所举动。

（七）个别发展中国家教师专业发展的特点与趋势

1. 重新认识教师的作用，赋予教师专业含义

在印度和埃及，教师一度受人敬重，但后期教学成为一种职业后，教师便失去了在这些国家的神秘性。但在这些发展中国家的国家独立与经济建设中，因整个社会教育程度不高，而教师阶层具有较高的文化素质，故政府逐渐认识到教师的重要性。埃及政府认为教师不仅仅是一般的职业劳动者，还是社会变革的促进者。巴西政府更提出了教师会起到重建社会秩序、消除社会不公和促进国际合作的作用。

2. 教师教育从侧重数量到追求质量

印度、埃及和巴西等发展中国家的教师队伍都具备了一定规模，还在逐步扩大，但入职门槛过低使教师队伍良莠不齐。城乡区域间的师资分布不均衡严重影响了教育发展，故近年来许多发展中国家开始关注教师质量问题。如巴西就有针对性地采取举措，以解决职前与职后教育质量、稳定的聘任制、教师工资和职业政策等问题。

3. 重视农村教师的发展，使教师教育地方化

印度、埃及和巴西等农业大国，面对农村教师数量少和质量差的状况，采取了多种措施。首先，加强城乡教师的交流。其次，提高教师的生活待遇和社会地位。最后，培养本地化的教师。如印度开发了一种将教育学针对当地文化的教学方法，使教学具有了多元性，从而构建教师反思所处环境、理解周遭政治经济文化环境的反思性教育。

二、借鉴与启示

第一，自上而下提高政府、学校、教师三个主体的专业化发展意识。

综观国际教师专业发展经验,在地方政府缺少教师专业化发展压力和动力的情况下,中央政府自上而下的推动应是最有效的手段。如果没有来自中央政府的压力(如考核评估),很难设想各级政府在教师专业化发展的认识上会有大的提高。因此,国家应该在法律、激励机制等方面明确地方政府在推进教师专业化进程中的重要责任。各国也都在适度增加学校和教师在教师专业化发展方面的动力与压力。

学校如果没有经济上的支持,没有外在的压力,是不可能致力于教师专业化发展的。这种外力,主要包括国家法律、政策、教育行政部门管理和评价制度等。政府应根据教师专业化发展的需要,改革和完善对学校的考核评价体制,促使学校提高专业化意识并承担起必要的责任。

对于广大的普通教师来说,学校可通过考核制度、奖罚措施形成一种强大的压力,激励、推动教师向前走。当然,学校如果能够促使教师主动参与到专业发展中来就更好了。因为,对教师来说,内部的动机远比外部的压力更具有发展动力。所以,教师个体是否具有自主发展意识、能否做到主动发展才是实现其专业发展的关键。

第二,增加法制制度、资金两大强有力支撑。

深化教师教育体制改革,健全教师专业化的法律、制度,加快教师教育一体化进程是教师专业发展过程中的必要支撑。教师的专业发展是一个终身的过程。众所周知,教师职前培养的功效是有限的,它只是教师专业发展的起点。在科技、经济迅速发展的今天,国家应以教师教育一体化的观念整合教师培养和培训工作,从教师专业终身发展的整体需要出发,规划培育目标,设置课程系统,改革评价方法,建立系统的教师培训制度,让其成为惠及大多数教师的大工程。调整目前教师教育的专业结构,重建适应课程综合化和多样化要求的专业,加强实践环节,延长学制,兼顾学科专业学习和教师职业训练,提高教师的专业化水平。健全教师教育法律制度,在已有的《教师法》《教师资格条例》等基础上,今后还需制定和实施《教师教育机构认可制度》《教师教育课程鉴定制度》《教师教育水平等级评估制度》《教师专业能力标准》等,不断健全教师专业化法律制度,促进教师教育与教师资格认定、教师专业能力标准的紧密衔接,保障教师专业化的顺利推进。完善教师资格制度。随着教育改革的深入,教师聘任必须引入竞争机制,破除教师职业"身份制"和"终身制",建立与市场经济相适应的用人机制。此外,教师资格的门槛设置不宜过低,还要减少资格认定过程中的人为因素，让教师这一职业的专业化程度具有社会地位，受到社会的尊重。

改革经费投入机制，创设教师专业化发展的良好环境。任何一个专业发展程度高的职业，都是以相当高的经济回报作为支撑的。只有这样，才能吸引大量的优秀人才从事这个行业，才能促使从业人员不断地提高自身专业水准。过去，一提到提高教师的地位，就想到提高教师的工资待遇，其实，这种提高不但有限，而且与教师专业化发展也不具有直接关系。因此，今后国家需要改革经费投入机制，设立面向广大农村中小学教师的职后教育专项经费，并在时间上保证教师脱产进修培训的机会。

第三节　中国高职院校专任教师队伍建设的政策、成就与问题[①]

作为高等教育的一种新的类型，中国高等职业技术教育产生于 1980 年。之后，中国高等职业技术教育不断探索如何建立一支与自身发展相适应的专任教师队伍。通过对近 40 年来政策文本的梳理发现，高职院校专任教师队伍建设经历了探索发展理念、"双师"理念形成、"双师"内涵明确、关注教师"双师素质"培养制度及培养平台建设四个阶段。其中，1983—1990 年为专任教师队伍建设的理念探索阶段。国家政策尚未明确表示高职院校专任教师应具备什么条件，但在一些高职院校办学的实践中已强调专任教师要具备"指导学生实践的能力"。1991—1999 年为"双师型"教师形成并逐渐被院校办学实践和国家政策接受阶段。国家政策将具备一定比例的"双师型"教师作为职业院校办学的基本条件之一，但对"双师型"教师的内涵和标准并没有做出明确的界定。2000—2004 年为"双师型"教师内涵逐渐明确并进入操作化阶段。2004 年教育部出台的《高职高专院校人才培养工作水平评估方案（试行）》从专业技术资格、企业实践、接受技术技能培训、从事应用或开发研究等方面对"双师型"教师的内涵做出了解释，这是目前界定和评价"双师型"教师时仍然在

---

①　参见王琪，张菊霞.我国高职教育专任教师队伍建设：政策演进、成就与问题[J].职教论坛，2016(35)：5-9.

使用的官方标准。2005 年以后,政策转而更多地关注如何培养"双师型"专任教师,如建立企业实践制度、建立教师企业培训基地等。培养具有企业生产实践能力和实践教学能力的"双师型"专任教师已经成为政策的核心。

与政策演进相伴的是,中国高等职业技术教育专任教师的规模在不断扩大,特别是 1999 年高等教育扩招之后,扩大的速度明显加快。至 2013 年,全国高职院校专任教师达 43.66 万人,占整个高等教育专任教师队伍的 29.17%。专任教师队伍的质量也在不断提升,高级职称专任教师的比例在不断提高。2013 年,具备"双师素质"的专任教师比例已达 57.20%。但高职院校生师比却从 2003 年起一直保持在 20∶1 以上,虽然高职院校会聘请一些兼职教师授课,但专任教师数量还是略显不足。

当前中国高等职业技术教育专任教师队伍建设还面临着一些亟待解决的问题。首先,还缺少高等职业技术教育专任教师任职和晋升的国家标准。其次,高职教育在政策和实践层面均在一定程度上忽略了研究的重要性,导致高等职业技术教育专任教师研究能力相对较弱。最后,虽然教师的"双师素质"有了较大提升,但企业实践能力依然相对较弱。

因此,中国政府需要会同行业和高职院校,尽快出台高职院校教师入职、晋升等标准,规范高职院校专任教师队伍建设。同时,需要建立机制促进校企深度合作,增加专任教师的企业经历,切实提高专任教师的企业实践能力。最后,需要真正重视专任教师研究能力的发展,引导专任教师从事应用或开发研究,提升专任教师研究能力,提高专任教师队伍的质量。

一、政策:40 年的演进

(一)探索教师队伍建设理念阶段:1980—1990 年

中国第一所高等职业技术学校——金陵职业大学于 1980 年在南京诞生。随后,经原国家教育委员会批准,全国首批 13 所职业大学陆续建立起来。由于高等职业技术院校产生于实践的需求,遵循着自下而上的路径,因此,当时并没有关于高等职业院校的全国性政策文件,更没有关于高职院校教师队伍的相关要求。直到 1982 年,江苏省出台《江苏省职业大学暂行条例》,提出要"建立一支忠于党的教育事业、业务水平较高的基本教师队伍,以利于建立正常的教学秩序,系统地总结教学经验,切实改进教学工作,不断提高教学质量。同时,根据实际需要,聘请部分兼职教师任教","职业大学的专任教师,应根据教育部的有关规定和要求,评定相应的教学、技术职称"。① 此时，院校的办学实践已经注意到了高职教育人才的培养目标、教学过程与普通高等教育的不同，对专任教师素质要求也不同。如江汉大学作为 1980 年建立的第一批职业大学，在 1986年的办学经验总结中提出，职业大学的教师一般要具有两个方面的能力，即传授知识的能力和指导学生实践的能力。与 6 年前不同，当时的高职院校已经注意到了教师要具备"指导学生实践的能力"。但这些能力具体包括哪些要素、如何培养教师具备这些能力等问题，理论研究和国家政策都没有太多的涉及。

（二）"双师型"教师概念形成并逐步确立阶段：1991—1999 年

1991 年，一篇介绍上海冶金专科学校教师队伍建设经验的文章发表，该文提出，"要输出专科教育的特色"，"有十分关键的一项：就是要建设一支理论密切结合实际的结构合理的'双师型'（即教师加工程师）教师队伍"。② 这是国内首次提出了"双师型"教师的概念，并初步将"双师型"界定为"教师加工程师"。这一研究开创了我国职业教育"双师型"师资队伍建设研究的先河。③ 此后，关于高职院校要建立"双师型"教师队伍的研究逐渐增多。在 1994 年发布的《国务院关于〈中国教育改革和发展纲要〉的实施意见》（国发〔1994〕39 号）中提出，"结合职业教育的特点，制定职业学校教师资格标准。……职业学校专业技能教师可实行教师职称和专业技术职称双职称制"④。1995 年，原国家教育委员会颁布了《国家教委关于开展建设示范性职业大学工作的通知》（教职〔1995〕15 号），将"有一支专兼结合、结构合理、素质较高的师资队伍。专业课教师和实习指导教师具有一定的专业实践能力，其中有 1/3 以上的'双师型'教师"作为职业大学办学的基本条件之一。这是国家政策文件中首次提及"双师型"教师的概念，并将其作为专任教师发展的目标。自此，"双师型"教师成为高

---

① 叶春生.二十年的实践与探索——高等职业技术教育论文集[M].北京：高等教育出版社,2004:240-242.

② 王义澄.努力建设"双师型"教师队伍[J].高等工程教育研究,1991(2):49-50.

③ 周明星.中国职业教育学科发展 30 年[M].上海：华东师范大学出版社,2009:101.

④ 国务院.国务院关于《中国教育改革和发展纲要》的实施意见：国发〔1994〕39 号[EB/OL].（1994-07-03）[2016-10-01]. http://old. moe. gov. cn/publicfiles/business/htmlfiles/moe/s6986/200407/2483. html.

职教育乃至整个职业教育专任教师发展的目标。此时,政策层面虽然提出了"双师型"教师的概念,但对"双师型"教师的内涵和标准并没有形成明确的认识,除要求教师队伍建设要突出强调"技术应用能力""技术实践能力"外,再没有更进一步的详细阐述。

(三)"双师型"教师内涵逐渐明确并进入操作化阶段:2000—2004 年

由于没有做出明确的界定,一段时间内实践操作中多将"双师型"教师理解为既具有教师资格又具有其他专业资格(如工程师等)的教师。如1999 年,中共中央国务院颁布《关于深化教育改革,全面推进素质教育的决定》(中发〔1999〕9 号),指出"注意吸收企业优秀工程技术和管理人员到职业学校任教,加快建设兼有教师资格和其他专业技术职务的'双师型'教师队伍"。2000 年 1 月,教育部发布《关于加强高职高专教育人才培养工作的意见》(教高〔2000〕2 号),提出"双师型"教师"既是教师,又是工程师、会计师等"。①

2000 年 3 月,教育部发布《关于开展高职高专教育师资队伍专题调研工作的通知》(教发〔2000〕3 号),指出"工科类具有'双师'素质的专职教师应符合以下两个条件之一:具有两年以上工程实践经历,能指导本专业的各种实践性环节;主持(或主要参与)两项工程项目研究、开发工作,或主持(或主要参与)两项实验室改善项目,有两篇校级以上刊物发表的科技论文。其他科类参照此条件"。这是国家文件首次对"双师型"教师的内涵做说明。需要注意的是,与以往文件略有不同,该《通知》对"双师型"教师内涵解释时启用了一个略有不同的名称——"双师"素质教师,这个指称从素质构成的视角进一步指出了"双师型"教师的基本内涵,更加强调职教教师的"专业实践能力",以突出教师的企业实践经历和科技研发能力为外在手段。客观地说,这种内涵解释是一种更具可操作性的"双师型"教师内涵解读。② 2004 年,教育部出台《高职高专院校人才培养工作水平评估方案(试行)》,其中对"双师素质"教师做出了详细的界定:"双师素质教师是指具有讲师(或以上)教师职称,又具备下列条件之一的专任教

---

① 何东昌.中华人民共和国重要教育文献(1998—2002)[M].海口:海南出版社,2003:493-499.

② 孙翠香,卢双盈."双师型"教师政策变迁:过程、特点及未来态势[J].职业技术教育,2013(28):48-54.

师:第一,有本专业实际工作的中级(或以上)技术职称(含行业特许的资格证书及其有专业资格或专业技能考评员资格者)。第二,近五年中有两年以上(可累计计算)在企业第一线本专业实际工作经历,或参加教育部组织的教师专业技能培训获得合格证书,能全面指导学生专业实践实训活动。第三,近五年主持(或主要参与)两项应用技术研究,成果已被企业使用,效益良好。第四,近五年主持(或主要参加)两项校内实践教学设施建设或提升技术水平的设计安装工作,使用效果良好,在省内同类院校中居先进水平。"①这是自"双师型"教师概念提出以来政策文件对其内涵最为详细的解读,也是目前指导学校评估和学校专任教师队伍建设的官方标准。

(四)关注教师"双师素质"培养制度及培养平台建设阶段:2005年至今

"双师"("双师型""双师素质")内涵明确的同时,也为如何培养"双师型"教师指明了方向。自2004年起,相关政策文件对"双师"的内涵不再做过多的解释,转而关注如何培养"双师型"教师。2005年颁布的《国务院关于大力发展职业教育的决定》(国发〔2005〕35号)中明确提出,要"实施职业院校教师素质提高计划,地方各级财政要继续支持职业教育师资培养培训基地建设和师资培训工作。建立职业教育教师到企业实践制度,专业教师每两年必须有两个月到企业或生产服务一线实践"。这是国家政策中首次对职业院校教师提出的实践要求,而且要以制度的形式固定下来。此后的政策多是关注如何通过校企合作、搭建教师去企业实践的平台等途径来提高教师的"双师素质",增强教师的企业实践能力。如,教育部2006年颁布的《关于全面提高高等职业教育教学质量的若干意见》(教高〔2006〕16号)中提出,要"安排专业教师到企业顶岗实践,积累实际工作经历,提高实践教学能力"②;2010年颁布的《国家中长期教育改革和发展规划纲要(2010—2020年)》中提出,要"加强'双师型'教师队伍

---

① 教育部.教育部办公厅关于全面开展高职高专院校人才培养工作水平评估的通知:教高厅〔2004〕16号[EB/OL].(2015-06-01)[2016-10-01].http://www.moe.edu.cn/publicfiles/business/htmlfiles/moe/moe_42/201010/110099.html.

② 教育部.关于全面提高高等职业教育教学质量的若干意见:教高〔2006〕16号[EB/OL].(2006-11-20)[2016-10-01].http://www.moe.edu.cn/publicfiles/business/htmlfiles/moe/moe_745/200612/19288.html.

和实训基地建设，提升职业教育基础能力"，要"依托相关高等学校和大中型企业，共建'双师型'教师培养培训基地。完善教师定期到企业实践制度"。① 2011 年发布的《教育部关于进一步完善职业教育教师培养培训制度的意见》（教职成〔2011〕16 号）中提出要"构建校企合作的职业教育教师培养培训体系"，要依托大中型企业，"建设一批'双师型'教师培养培训基地和教师企业实践单位"。② 2014 年颁布的《国务院关于加快发展现代职业教育的决定》（国发〔2014〕19 号）中再次提出要"落实教师企业实践制度""推进高水平学校和大中型企业共建'双师型'教师培养培训基地"。

从上述的政策梳理中可以看出，近 40 年来中国高等职业技术教育专任教师队伍建设的目标逐渐明确，教师的（企业）实践能力逐渐受到重视。自"双师型"教师概念提出以来便被作为政策目标不断强化，而且相关政策对这一概念的表述日益完善，相关政策的演化也是围绕着"高职院校教师需要'双师'素质""如何衡量高职院校教师的'双师'素质""如何帮助教师提升'双师'素质"而展开的。政策内容"不仅涉及'双师型'教师的认定标准（内涵）、'双师型'教师的培养培训、'双师型'教师的数量，还涉及'双师型'教师的制度建设等主题"③。培养具有企业生产实践能力和实践教学能力的"双师型"专任教师已经成为政策的核心。

二、成就：数量与质量

（一）数量：师资队伍总体规模不断扩大

1983 年，全国有 52 所高职院校（当时称短期职业大学，Short-cycle Vocational Colleges），专任教师有 2321 名，占高等教育专任教师的 0.77%。此后，高职院校的数量逐渐增加，专任教师队伍也在不断扩大。20 世纪 90 年代以后，随着经济的不断发展，产业界对技能型人才的需求

---

① 国家中长期教育改革和发展规划纲要工作小组办公室.国家中长期教育改革和发展规划纲要（2010—2020 年）[EB/OL].（2010-07-29）[2016-10-01]. http://www.moe.edu.cn/publicfiles/business/htmlfiles/moe/moe_838/201008/93704.html.

② 教育部.关于进一步完善职业教育教师培养培训制度的意见：教职成〔2011〕16 号[EB/OL].（2011-12-24）[2016-10-01]. http://www.moe.edu.cn/publicfiles/business/htmlfiles/moe/moe_960/201201/xxgk_129037.html.

③ 孙翠香,卢双盈."双师型"教师政策变迁：过程、特点及未来态势[J].职业技术教育,2013(28)：48-54.

越来越大,国家也越来越重视发展高职教育。90 年代初期,国家提出要通过"对职业大学、专科学校和成人高校进行改革、改组和改制来发展高等职业教育,在仍不能满足需要时,经批准可利用少数具备条件的重点中专作为补充"[①],即通常所说的"三改一补"。在这一政策的推动下,90 年代中后期高职教育规模快速扩张。1998 年,教育部成立高职高专处,将高等专科学校的发展纳入高职教育发展规划及管理之下。此后,一部分高等专科学校的办学方向逐渐转向高职教育,高职院校及其专任教师开始大幅增加。1999 年,中国高等教育开始大规模扩招,大部分的招生指标被投放到高职院校。与之相应,高职院校专任教师的队伍也迅速扩大。1999 年,高职院校专任教师为 88206 人,占整个高等教育专任教师队伍(425682 人)的 20.72%。此后,规模逐年增加,至 2013 年,全国高职院校专任教师达 43.66 万人,占整个高等教育专任教师队伍的 29.17%。图 1.1 为 1983—2013 年中国高等职业技术教育专任教师总数变化趋势。

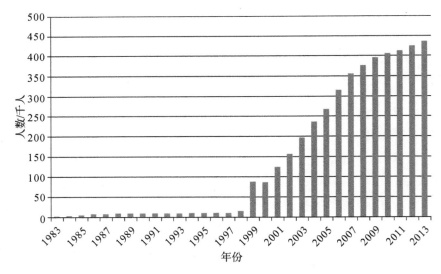

图 1.1　1983—2013 年中国高等职业技术教育专任教师总数

数据来源:1983—1986 年,整理自《中国教育年鉴(1982—1984)》《中国教育年鉴(1985—1986)》;1987—2013 年,整理自各年度《中国教育统计年鉴》。

需要注意的是,虽然专任教师的规模在迅速扩张,但仍落后于学生规

---

① 李岚清.李岚清教育访谈录[M].北京:人民教育出版社,2003:420.

模扩张的速度。经过 1999—2002 年连续大规模的扩招,到 2003 年生师比达到 24∶1,之后一直保持在 20∶1 以上。虽然高职院校有些课程是由兼职教师承担,但生师比例仍然较高(见图 1.2)。

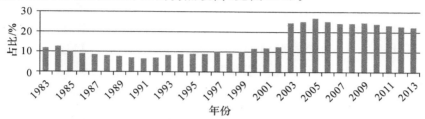

图 1.2　1983—2013 年中国高等职业技术教育专任教师生师比

数据来源:1983—1986 年,整理自《中国教育年鉴(1982—1984)》《中国教育年鉴(1985—1986)》;1987—2013 年,整理自各年度《中国教育统计年鉴》。

(二)质量:师资队伍的水平在不断提升

在规模不断扩大的同时,教师队伍的质量也在不断提高。以专任教师的职称结构为例,高级职称专任教师(含正高级和副高级)的比例由 1987 年的 5.81% 上升到 2013 年的 29.28%(见图 1.3)。

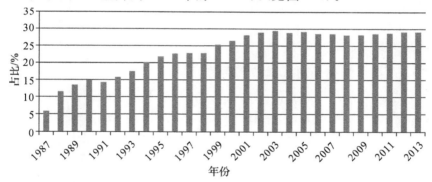

图 1.3　1987—2013 年中国高等职业技术教育高级职称专任教师比例

数据来源:整理自各年度《中国教育统计年鉴》。

具备企业生产实践经历的教师越来越多,"双师"素质教师数量的比例在不断增加,2007 年,28.40% 的专任教师具备"双师素质"。[①] 2013 年,这

---

① 马树超,等.中国高等职业教育:历史的抉择[M].北京:高等教育出版社,2009:169.

一比例提高到 57.20%。其中,江苏、浙江等省份已超过 70.00%。①

三、问题:亟须突破的困境

(一)缺少高职院校教师专业发展的标准

"能力标准是衡量一个人是否达到从事某一职业规定能力水平的尺度,是从事某一行业所应具有的技能、知识和行为的具体描述。"②为了促进教师专业发展,多个发达国家都制定了教师专业标准,从知识、情感、技能等多个方面对教师入职条件、职业行为规划以及考核等做出明确规定。中国教育部也在 2012 年印发了《幼儿园教师专业标准(试行)》《小学教师专业标准(试行)》《中学教师专业标准(试行)》,明确规定了幼儿园和中小学教师应具备的专业理念、专业知识和专业能力。从层次上看,高职教育不同于中小学教育;从类型上看,高职教育不同于普通高等教育。高职教育注重学生实际动手操作能力的培养,高职教师不仅应当具有从事普通高等教育的通识能力,还要具有职业教育的特殊能力,高职教师应具备一套独立的职业标准。目前中国尚没有相对成熟的高职教师能力标准,而现行的教师资格证书体系也与普通高等教育相同,并未完全体现出职业教育的特色和要求,对教师能力的评判主要是对"职前"相关能力的入门检验,而没有强调其职业发展过程中能力的持续评价和提升,专业能力标准的缺乏导致高职教师在专业发展中迷失方向。③

(二)忽视了教师研究能力的提升

科学研究是高等教育的三大功能之一,从事科学研究也是高职院校教师提高自身专业能力的重要途径。虽然高职教育发展一直提倡走"产学研结合"的发展道路,但在高职教育近 40 年的发展过程中,"反对知识导向、学科导向成为课程与教学改革的主流话语,因此现实是高职教育教学改革和师资队伍建设的学术话语缺失",教师的科研能力普遍较弱。④而在 2006 年发布的《关于全面提高高等职业教育教学质量的若干意见》

---

① 上海市教育科学研究院,麦可思研究院.2014 中国高等职业教育质量年度报告 [R].北京:高等教育出版社,2014:20.

② 任波,孙玉中.探析高职教师能力标准的构建[J].中国高等教育,2009(1):49-50.

③ 朱雪梅.高职教师专业能力标准的内涵与框架[J].职业技术教育,2010(1):56-58.

④ 程宜康.基于多维学术观的高职院校教师发展辨析[J].国家教育行政学院学报,2012(5):22-26.

中直接将"研"字删去,提出"走产学结合发展道路",政策导向上明确弱化了研究在高职教育发展中的作用。虽然在后来的政策文件中加入了"研究"的要素,但高职教师研究能力的提升仍任重道远。

应用技术发明、各种专利能够在一定程度上反映教师的行业实践能力和技术应用及研发能力,更能反映教师在专业技术领域发展的高度和深度。我们在中国知网专利数据库中分别以"职业技术学院""职业学院""专科学校"为申请人搜索发明、外观设计和实用新型三种专利,发现2011年三种专利共有2387项,人均0.006项。按技术性更强、更容易产生技术发展的理工农医专任教师约占一半(据《中国教育统计年鉴·2011》,占48.62%)计算,人均也仅0.012项,表明高职院校教师在技术研发能力提升方面还有很大的发展空间。

(三)"双师素质"培养的有效性还需要进一步加强

参与企业实践是高职院校教师提升职业性向度的主要途径。近年来,职业院校通过到企业顶岗实践等方式,有效地增加了部分教师的企业实践经验,提高了教师的实践技能,对于教师专业职业性向度的发展起到了积极的促进作用。但当前高职院校教师深入参与企业实践的良好机制尚未形成,教师参与企业实践的效果往往会因学校、专业以及个人能力的差异而有很大不同。一些教师的企业实践多停留于感知企业生产实践、获得实践操作经验,而真正具备较强技术应用和研发能力,能参与企业技术改革升级的教师并不多。据相关研究对江苏省高职院校"双师型"教师的调查显示,"32%左右的高职院校教师无法及时学习或获得一线生产领域的新知识","90%左右的教师欠缺动手能力和技术素养"。[①] 这一调查结论在一定程度上反映了高职院校教师"双师素质"提升面临的困境。

四、建议:高职院校教师队伍建设的思考

第一,加快高职院校教师专业标准建设。2010年发布的《国家中长期教育改革和发展规划纲要(2010—2020年)》中提出要"完善符合职业教育特点的教师资格标准",2014年颁布的《国务院关于加快发展现代职业教育的决定》(国发〔2014〕19号)提出要"完善教师资格,实施教师专业

---

① 蔡怡,张义平,宋现山.高职院校"双师型"教师队伍建设的困境与对策——基于江苏高职院校师资发展的现实考察[J].国家教育行政学院学报,2011(6):29-32.

发展标准"。可见,政府已注意到制定职业院校教师专业标准的重要性,并已将其列上政府的议事日程。根据高职教育的类型特点和发展需求,高职院校教师标准应遵循"双师导向"的原则。在掌握知识维度上,标准应突出教师对技术性知识、企业生产一线实践知识的掌握;在研究能力维度上,标准应突出教师从事应用研究、开发研究的能力,以及通过研究服务企业生产技术改变和产品转型升级的能力;在教学能力维度上,标准应强调教师专业实践教学的能力,以及指导学生进行实践学习的能力,以符合高职教育培养技能型人才的类型需求。

第二,推动校企合作深入开展,真正提高教师的企业实践能力。具备企业经历、能够完成企业生产技术的操作流程是体现职业性向度的重要指标,但倘若仅仅将高职院校教师职业性向度定位于企业经历,只要求具备一定的专业技能和动手操作能力,那很可能引导教师朝向企业"技术师傅"的方向发展。[①] 这与高等职业教育高等性的要求明显不符。事实上,具备服务行业企业的能力才是高职院校教师企业实践能力的核心。同时,具备服务行业企业的能力也能保障教师及时更新自己的行业企业经验,进而更新自己的教学内容,提高人才培养质量。高职院校教师不仅要掌握行业企业相关的技术操作和应用,还应该能够参与行业企业的技术改造和研发,为企业提供技术支持和服务,甚至能够在一定程度上引领企业技术的发展。高职院校应从强调教师的企业经历转向重视教师的企业实践能力和技术研发能力提升。院校与企业需要建立起校企深入合作的机制,引导教师真正参与企业生产和技术研发的实践过程,在增加教师对企业生产实践认知的同时,增加教师参与企业技术研究的深度,提高企业实践的有效性。

第三,引导教师提高应用研究能力。从事应用研究、开发研究,是教师提升服务企业能力、实践能力的有效途径,是高职教育高等性和职业性的有效保障,也是高职教育内涵发展的重要方面,能促进高职教育质量整体提升。对于高职院校而言,教师从事适应市场需求的应用和开发研究,可以有效保障校企长期、深入合作,也可以促进人才培养质量的提高。对于教师个人而言,从事应用、开发研究和教学研究是建立起学术自信、提

---

① 宋清龙.高职院校教师专业发展的若干问题研究[D].武汉:华中师范大学,2007:14.

高应用学术和教学学术水平的有效途径。因此,在当前背景下,不论是国家政策层面,还是院校管理层面,都需要加强对教师从事应用研究的引导,提高教师的研究能力。需要注意的是,高职院校教师的学术研究应以服务行业企业发展的"应用学术"和服务教学的"教学学术"为主,同时还要处理好研究与教学的关系,防止出现专注研究而忽略教学的问题。

第二章　宁波高职院校教师专业发展现状研究

第一节　宁波高职院校概况

截至 2015 年,宁波市共有高校 15 所,其中全日制本科高校 7 所、高职高专院校 6 所、成人高校 2 所;全日制普通高校在校生 15.13 万人,其中本科生 9.69 万人、高职高专生 5.44 万人,高职院校生平均经费达 10000 元以上。宁波高等职业院校在规模和质量上都取得了很大发展,成功获批国家职业教育与产业协同创新试验区,围绕建立高等职业教育与县(市)区共建体制、行业指导高等职业教育办学体制、中高职一体化办学体制,起草《关于促进高等职业院校与地方共建的指导意见》,促进优质高等职业教育资源向县(市)区延伸,科学布局高等职业教育空间结构和协调发展。

宁波依托"政校行企"平台作为发挥区域"协同创新"的合力,使行业主管部门和行业组织在发展职业教育中起到重要作用。宁波卫生职业技术学院组建了由市贸易局、市教育局牵头的宁波市健康服务产业职业教育行业指导委员会,通过与医疗卫生机构合作创新共建 7 家"临床学院",与宁波市贸易局合作成立浙江省首家家政学院——宁波家政学院,联合相关学校、行业企业,发起成立宁波市家政与养老服务人才培养培训联盟和浙江省联盟宁波分中心等,形成了"政校行企"四方联动的合作体系,为此《国家教育体制改革试点进展情况通报》专门介绍该校探索构建职业教育体系先进经验。宁波城市职业技术学院进一步发挥"产学研联盟"、"滕头园林学院"、"九龙国际物流学院"的作用,成立了宁波旅游学院、宁波市旅游职业教育行业指导委员会以及视觉东方设计协同创新中心、视觉东方艺术学院,并筹备宁波现代服务业职教集团。浙江工商职业技术学院与宁海成立了县校合作会商委员会、宁海现代服务业发展研究院、宁海高技能人才培训学院,县校合作模式入选了《2013中国高等职业教育人才培养质量年度报告》。高等职业教育服务区域经济社会水平和能力得到进一步提升,高职院校教师专业发展得到了大幅度提升,教师培养制度日益健全,激励机制日臻完善,优秀教师队伍逐步壮大,为高职院校教师专业化、职业化提供了坚实的基础。

第二节　宁波高职院校师资队伍建设分析①

在高职院校的发展过程中,师资问题是学校发展不可回避的问题,也是一个重要的核心问题。教师水平的高低是决定一所高职院校教学质量和办学特色的关键因素。作为我国高等教育的一种新类型,高等职业教育正以前所未有的发展速度和改革热情大踏步地向前迈进,取得的成绩有目共睹,但也暴露出一些急需解决的问题。其中,高职院校教师专业发展水平较低已逐渐成为影响我国高职院校进一步发展的瓶颈,尤其是在我国高职院校由规模发展转向内涵发展的过程中,这一问题又进一步被放大。因此,提高高职教师专业发展水平显得刻不容缓。近年,宁波地区的高职教育发展迅速,逐步成为高职教育发展影响力较大的地区。选择宁波作为研究的载体,具有一定现实意义和推广价值。据此,我们围绕高职院校教师专业发展进行了文献收集和研究,并对宁波地区高职院校开展了一系列调研活动,为研究提供了支撑。

一、高职院校教师专业发展内涵

教师是办学的主体,在高职院校办学特色的形成过程中,教师可以说

---

① 参见王义.高职院校教师专业发展的现状及对策研究——以宁波地区为例[J].毕节学院学报,2013(10):102-107.

是学校办学思想、教育理念的实践者，是学校办学特色、教育特色的创造者和传承者。特色源于创新、创造，一所高职院校若没有一批教育理念先进、学术功底深厚、教学艺术高超、实践操作熟练、不断追求创新的"双师型"教师，其办学特色的建设便成了无源之水、无本之木。一名名师能带起一个专业、创出一个品牌。从这个意义上讲，高职院校能否持续健康发展，关键靠师资队伍建设。

教师既是一种职业，又具有很强的专业性，这就要求从事教学事业的人除具备教师的一般职业能力外，还应具备与该职业相匹配的专业能力。"教师专业发展"更多是从教育学维度加以界定的，主要指教师个体的、内在的专业化提高。这两个不同的思维角度是随着教师专业发展研究进程而不断明晰的。教师专业发展的内涵可以分为两个方面：一是教师个体的专业发展；二是教师群体的专业发展。"教师个体的专业发展"是指教师个体的、内在的专业性的提高，是教师的专业成长或教师内在专业结构不断更新、演进和丰富的过程，它主要是从教育学的角度加以考虑。而"教师群体的专业发展"主要是强调教师群体的、外在的专业性提升，它更多是从社会学的维度加以界定的。教师群体专业发展的提升也代表着教师这一职业地位的确立与巩固，即教师职业专业化的发展与巩固。就具体某个学校而言，教师专业发展则要求每位教师应把个体的专业发展与整个学校的教师群体专业发展结合起来，协调好二者之间的关系，共同提升专业发展水平。

二、高职院校教师专业发展素质要求

目前，我国高职院校正处于发展和调整阶段，所面临的矛盾也日益凸显。尤其是在师资队伍建设上，存在着高职院校师资队伍与高等职业教育发展不适应的矛盾，以及师资队伍水平整体不高与社会对高技能专门人才素质要求不断提高的矛盾。在新形势下，高职院校教师专业发展也有了新内涵，对教师专业发展的素质提出了新要求。

(一)基于工作过程的课程设计与实施能力

工作过程是指在企业里为完成一项工作任务并获得工作成果而进行的一个完整的工作程序。从课程开发的角度来看，职业工作任务是根据工作联系和企业任务(这些任务对职业具有典型性并包含着完整的行动)来描述具体的专业工作。根据这一定义，基于工作过程的课程设计与实施能力是指高职院校教师根据工作实际能设计出符合高职学生发展的课程体系，并能很好地运用于学生学习、生产与实训过程的能力。

这种能力的特征主要表现为：一是教师的课程设计必须包含着职业的工作过程的内在联系并指向独立的职业培养规格和职业的重点；二是教师的整个课程任务要描述一个完整的劳动行为，并强调工作的计划、实施和评价之间的联系；三是教师设计及实施的课程要符合企业的整个生产和经营过程中的意义、功能和作用。

总之，基于工作过程的课程设计与实施能力主要强调的是生产实践和实际操作，这与高职教育的人才培养目标极为接近，作为高职院校的教师首先是高职学生实践操作的引路人，而课程设计是高职教师教育引导学生的载体。同时，高职的课程设计又不同于其他教育形式的课程设计，其课程设计应该立足于工作过程，以提高学生的动手能力为目标，体现高职教育的特征和特点。

（二）实训与顶岗实习的指导与管理能力

实训是高职专业实践教学的一种组织形式。一般来说，高职专业实践教学组织形式还有实验、实习、课程设计和毕业设计等。由于高教领域仅在高职教育中使用实训一词，因此针对高职专业实践教学的特点对实训做如下定义：实训是高职专业实践教学的一种组织形式。它是指在特定的专业实践技能训练场地上，教师将专业理论知识和专业技能在课程上融合、交叉和有序地进行传授。其教学的主要内容是对学生进行专业技能训练。

顶岗实习是指在完成基础课程和部分专业课程后组织学生到企业集中进行生产实习，使学生以企业员工的身份，在具体的工作岗位上顶替企业职工"真刀实枪"地进行技术工作。与学校实训相比，顶岗实习是以企业的生产和管理为依托，为学生提供实践培训和技能指导，共同完成教育教学过程。

高职教师实训与顶岗实习的指导与管理能力是指教师从事本专业教学工作的专业能力与按照企业生产实际管理企业能力相结合的一种综合能力。这种能力的含义包括：一是高职院校的教师既是学生理论学习的良师益友，又是学生实训实践的指导者和合作者；二是高职院校教师不仅要有精深的理论基础，还应具备指导与管理学生实训和顶岗实习的能力，即实现教师向师傅的角色转换，能按照真实的工作过程设计学生实训计划,指导学生进行生产性实习,帮助学生逐步完成由学生身份向准员工身份的转变,推动学校课堂教学与企业工厂实习之间的良性互动;三是高职院校教师具备企业人资质,要了解企业生产流程和管理企业的能力。

（三）"素能本位"的教学评价能力

教学评价是对教学中教学行为做出衡量和价值判断的过程,是对教学过程、教学结果做出的一系列的价值判断。

"素能本位"的教学评价能力是指高职教师以学生综合素质和符合能力为价值标准,对学生的学习进行科学评价的能力。这种能力的含义包括:一是高职教师作为教学和教学评价的第一责任人和实施者首先要有转变传统评价理念,摈弃单纯以考试成绩为主要评价标准的评价方式的改革勇气;二是在对教学的评价过程中,素质和能力应成为评价的侧重点;三是教师要树立以学生的综合素质为核心,以实践能力为参数的评价意识,同时应具备使这种评价方法顺利实施的能力。

三、宁波高职院校师资队伍现状调查与分析

通过查阅资料和走访,我们分别对 2000 年和 2010 年宁波地区高职院校师资情况进行了比对和研究。2000 年宁波地区共有 6 所高职院校,2010 年也是 6 所。这些职业院校师资的学历结构、职称结构、年龄结构、来源等数据见表 2.1、表 2.2。

表 2.1　2000 年宁波地区高职院校师资结构一览

项目		总数		教师		管理人员	
		人数	占比/%	人数	占比/%	人数	占比/%
学历结构	博士研究生	0	0	0	0	0	0
	硕士研究生	12	1.0	12	2.0	0	0
	本科	571	46.3	421	69.3	150	24.0
	专科及以下	647	52.7	173	28.7	474	76.0
职称结构	正高级	0	0	0	0	0	0
	副高级（含高级技师、高讲、中学高级）	84	6.8	42	6.9	42	6.8
	中级	318	25.9	150	24.8	168	26.9

续表

项目		总数		教师		管理人员	
		人数	占比/%	人数	占比/%	人数	占比/%
	初级（含研究生未定级）	163	13.2	53	8.7	110	17.6
	无职称	665	54.1	361	59.6	304	48.7
年龄结构	≤35周岁	587	47.8	414	68.3	173	27.7
	35周岁＜年龄≤45周岁	241	19.5	90	14.9	151	24.2
	＞45周岁	402	32.7	102	16.8	300	48.1
来源	企业调入	53	4.3	49	8.1	4	0.6
	中专	907	73.7	299	49.3	608	97.4
	应届毕业	270	22.0	258	42.6	12	2.0
合计		1230	100	606	49.3	624	50.7

表 2.2　2010 年宁波地区高职院校师资结构一览

项目		总数		教师		管理人员	
		人数	占比/%	人数	占比/%	人数	占比/%
学历结构	博士研究生	37	1.3	31	1.7	6	0.6
	硕士研究生	893	31.4	711	40.3	182	16.8
	本科	1567	54.9	973	54.9	594	54.9
	专科及以下	353	12.4	54	3.1	299	27.7
职称结构	正高级	78	2.7	42	2.4	36	3.3
	副高级（含高级技师、高讲、中学高级）	551	19.4	421	23.7	130	12.2
	中级	1207	42.3	853	48.1	354	32.8
	初级（含研究生未定级）	546	19.2	321	18.3	225	20.6
	无职称	468	16.4	132	7.5	336	31.1

续表

项目		总数		教师		管理人员	
		人数	占比/%	人数	占比/%	人数	占比/%
年龄结构	≤35周岁	1483	52.0	1008	57.0	475	43.9
	35周岁＜年龄≤45周岁	815	28.6	527	29.8	288	26.7
	＞45周岁	552	19.4	234	13.2	318	29.4
来源	企业调入	847	29.7	535	30.2	312	28.9
	中专	143	5.0	101	5.7	42	3.9
	应届毕业	1860	65.3	1133	64.1	727	67.2
合计		2850	100	1769	62.1	1081	37.9

通过比较2000年和2010年宁波地区高职院校师资结构，可以看出经过近十年的发展，宁波地区高职院校的师资力量发生了翻天覆地的变化，无论是数量上还是质量上都达到了前所未有的高度，学历结构大幅度提升，职称结构布局合理，师资来源多元且充满活力。

（一）呈现的发展趋势

1. 学历结构提升明显

学历结构是衡量一所学校师资水平高低的一个重要指标。研究表明，学历水平过低将影响教师专业发展速度和质量。从表2.1可以看出，2000年，在宁波地区高职院校师资队伍中，具有博士研究生学历的教师人数为0，硕士研究生也仅有12人，专科及以下层次的从业人员达647人，占总人数的52.7%，可以说教师学历水平相当低。而2010年的师资结构（见表2.2）显示，博士研究生和正高级职称人数分别实现了0的突破；硕士研究生人数也由2000年的12人，发展到893人，增长了约73倍，在整个师资队伍中占很大比重，并逐步成为中坚力量；专科及以下人员所占比重下降明显，只占总人数的12.4%。可以看出，十年来宁波地区的高职院校师资状况改善明显，对师资队伍建设更加重视，引进了大批高学历、高职称人才。这一方面说明宁波地区高职教育发展比较迅速，办学规模日益扩大；另一方面反映出宁波地区高职教育在规模不断扩大的过程中，强化了对高职教育质量的追求，高职院校对教师的准入要求不断提高。总之,近年来,宁波地区高职院校教师师资的学历水平提升较为明显,为地区推进教师专业发展提供了可能。

2.形成"两头小,中间大"的职称格局

根据 2010 年宁波地区高职院校师资结构表(见表 2.2),正高和副高级职称人数共 629 人,占总人数的 22.1%;初级职称和无职称人员共 1014 人,占总人数的 35.6%;而中级职称人数达 1207 人,占总人数的 42.3%。职称结构呈现出"两头小、中间大"的分布格局,这种格局为推进教师专业发展、提升教师专业发展水平提供了空间。

中级职称的教师一般从教时间不长,对本专业有一定的了解,但又未形成思维定式,是进行专业培养、提升专业发展的最佳时期。他们具有很强的可塑性,职称偏高或偏低都不利于教师专业发展的进行。

3.教师来源多元化

中青年教师是一所学校的未来和希望,担负着学校将来发展的重任,发挥好中青年教师的作用是学校实行可持续发展的关键。多元化的教师来源和合理的年龄结构无疑会给学校的发展注入活力,不仅有利于不同学科的交叉融合,也为教师专业发展的"百花齐放"奠定了基础。从表 2.2 可以看出,2010 年宁波地区高职院校教师中 45 周岁以下的占 80.0%以上。这些教师以青年教师为主,多数是刚毕业的本科生和研究生。这部分教师理论知识较为深厚,创新意识强,具有很强的可塑性。另外,通过调研发现,宁波地区高职院校教师的来源渠道也较为多元,其中企业调入占 30.2%,这为促进高职院校教师的相互学习,及"双师型"教师素质的提高提供了平台。这些因素都为教师专业发展提供了有利条件,使高职院校教师专业化发展成为可能。

(二)存在的问题

1."双师素质"教师缺乏、高素质的专业带头人紧缺

通过对宁波地区高职院校的调研发现,部分教师为了获得"双师素质",多数都通过考试获得相关的职业资格证书,但是真正具有专业实践能力并能为企业提供技术服务的骨干教师屈指可数。教师缺乏企业第一线本专业实际工作经历,全面指导学生专业实践实训活动存在困难。教师缺乏应用技术研究,成果已被企业使用并取得效益的更少。为了提升职业教育教学水平,绝大多数教师通过了职业教育能力测评,但是真正能

在实际课堂中运用项目化教学的骨干教师很少,尤其是高素质专业带头人更是稀缺。

2.管理机制不健全影响教师专业发展的顺利推进

在推进教师专业发展的过程中,管理机制是非常重要的保障。通过调研,我们发现宁波地区关于高职院校教师专业发展的标准还没有建立,对教师专业发展缺乏系统的管理体制。管理的缺失导致教师任职资格的确定主要是依照学历标准,教师专业发展的激励机制也尚未形成,薪酬虽不断地在改革,但尚未突破职称标准。在很多教师的观念中,专业发展等同于职称和学历的提升。

3.部分教师对教师专业发展认识不到位

宁波高职院校发展迅速,改革持续不断地推进,改革离不开"变"。但是,变得比较频繁后,教师有些无所适从,在变化中体验到动荡,安全感降低。调研信息显示,部分教师从一开始激情满怀地投入慢慢转变为倦怠而茫然地应付,失去了教师专业发展的目标定位,角色认同不清,对教师专业发展的认识有淡化的趋势。

四、宁波高职院校教师科研水平现状调查与分析

科学和技术研究是知识生产和技术发展的源泉。纵观现代大学的发展历程,大学日益成为科学发现、技术发明的场所,高等院校通过科学技术研究创新知识、革新技术、提高生产力,推动了社会和经济的发展。高等职业院校具有不同于普通本科院校的特点,它的培养目标、人才规格、人才培养模式都具有其自身特色。这些特点决定了它的科研应在产学研结合上下功夫,挖掘广大教师的科研潜力,加强教师科研能力的培养,鼓励与企业联合进行产品开发和技术改造,注重技术应用研究。我国高职院校经过近十年的大发展,一方面,其师资队伍在迅速壮大,大批刚刚从高校毕业的研究生成了高职院校师资的主要力量。这部分教师的主要特点是学历较高,接受过系统学科教育,具备进行科研的潜能和条件,是高职院校可塑造的科研主力军。但另一方面,缺乏实践经验也成为制约青年教师进一步提升科研水平的瓶颈。因此,如何发挥高职院校教师的科研潜力,也将成为考量高职院校管理者智慧和决策水平的重要标尺。我们以宁波6所高职院校为例,对其教师科研情况进行了调查分析。

（一）宁波高职院校教师科研现状调查①

我们以宁波 6 所高职院校为研究载体，按照科研项目及经费、论文与著作、科研成果奖等维度对其 2011 年科研状况进行了梳理与分析。

1. 科研项目及经费

根据宁波市 2011 年高等教育发展报告数据显示，2011 年宁波市 15 所高校（本科 7 所、高职 6 所、成人高校 2 所）共承担科研项目 3068 项，科研经费总额达 4.08 亿元，实际到位经费 2.90 亿元。全市承担纵向项目 1822 项，其中国家级项目 125 项，部省级项目 305 项；横向项目 1246 项，其中 10 万元以上项目 387 项。而 6 所高职院校承担的科研项目总共为 567 项，总经费 1972.6 万元，分别占宁波市高校总量的 18.5% 和 4.8%。而宁波大学一所高校 2011 年承担的科研项目为 1127 项，是全市 6 所高职院校的近 2 倍，科研经费 2.12 亿元，是全市 6 所高职院校的 10 倍多。另外，6 所高职院校 2011 年承担的国家级科研项目为 0 项，而本科院校承担了 121 项。可以看出，宁波高职院校的科研水平与本科院校还相差甚远。

2. 论文与著作

2011 年，宁波高校教师共发表学术论文 6761 篇，较上一年增长 22.44%，其中被 SCI 收录 580 篇、EI 收录 1453 篇、重要索引收录 330 篇，发表在一级核心刊物上的论文 1679 篇；出版学术著作 210 部，其中专著 122 部、编著 55 部、译著 8 部；出版教材 186 部。6 所高职院校教师共发表学术论文 1365 篇，占总数的 20.2%，宁波大学共发表 2502 篇，是 6 所高职院校的近 2 倍；6 所高职院校出版著作 39 部，占总数的 18.6%，而宁波大学一所学校出版 92 部。另外，6 所高职院校教师发表在一级核心期刊的论文 41 篇，没有一篇被 SCI 收录，而宁波大学教师发表在一级核心期刊的论文达 1107 篇，其中被 SCI 收录 248 篇。

3. 科研成果奖

2011 年，宁波市高校教师获得国家、省、市科技成果奖 146 项，其中省部级 30 项，省厅、市级 116 项。宁波高校共有 14 项成果获浙江省第十

---

①　参见王义，任君庆.提升高职院校青年教师科研能力的路径研究——以宁波为例[J].宁波职业技术学院学报，2014(2)：25-27.

六届哲学社会科学优秀成果奖,分别为一等奖 2 项、二等奖 1 项、三等奖 11 项,其中宁波大学获得 11 项;共有 33 项成果获 2011 年浙江省高等学校科研成果奖,其中宁波大学获得 19 项,6 所高职院校获得奖项占比很小。

通过对宁波市高校教师科研现状的调查可以看出,宁波高校教师承担的科研项目、科研经费及科研成果逐年增加,科研水平提升明显。但高职院校教师科研整体质量有待提高,呈现出项目少、经费少、成果层次低的特点,与本科院校科研水平差距甚大,且有进一步拉大的趋势。高职院校科研薄弱也成为制约高职院校推进内涵发展的一个主要瓶颈。

(二)结果分析

1.青年教师队伍日益壮大是高职院校提升科研质量的基础

2011 年,宁波高校专任教师总数为 7695 人,与 2002 年的 3993 人相比,10 年间增长近 1 倍。其中正高职称教师 795 名,占专任教师总数比例达 10.3%;副高 2465 名,占专任教师总数比例 32.0%;中级及以下占 57.7%。在学历上,2011 年,专任教师中博士 1231 名,硕士 2554 名,分别占专任教师总数的 16.0%、33.2%,硕士以上学历教师占专任教师总数比例达 49.2%,这与近年来宁波各高校大量引进教师密不可分。根据统计数据,2000 年宁波高职院校师资博士研究生为 0 人,硕士研究生也仅有 12 人,专科及以下层次的从业人员达 647 人,占总人数的 52.7%,可以说教师学历水平相当的低。而 2010 年的师资结构表显示,博士研究生和正高级职称人数分别实现了 0 的突破;硕士研究生人数也由 2000 年的 12 名,增加到 2010 年的 893 名,增长了约 73 倍,在整个师资队伍中占很大比例,逐步成为中坚力量;专科及以下人员所占比重下降明显,只占总人数的 12.4%。青年教师比例的逐步加大,也为高职院校科研的快速发展提供了智力基础和保障。

2.多元化的专业背景为科研活动的开展提供了可能

近年来,宁波高职院校发展迅速,规模不断扩大,各学校引入了大量教师。通过梳理,我们发现引进教师的来源主要有三种,一是刚毕业的大学生,主要以硕士和博士为主,占新进教师的一半左右;二是从其他高校直接引进的教师,以教授和副教授为主,一般都是作为专业带头人或学科带头人方式进入高职院校;三是从企业引进的高端技能人才,这类人数相对较少。据统计,2010 年宁波高职院校教师中 45 周岁以下的占 80％以上,中青年教师是师资队伍的中坚力量。这部分教师凭借精深的专业背景和企业经验,为申报各类课题和深入开展研究提供了可能。

3.存在的问题

我国高职院校的科研从萌芽、成形、起步到发展,经历了一个曲折过程,虽然取得了非凡成就,但由于高职院校普遍存在着起步晚、底子薄以及科研机制不健全等原因,高职院校的科研生命力基本处于星星之火的状态,未能形成燎原之势,整个生命力略显单薄。通过认真分析,我们认为其制约原因主要有以下几个方面。

(1)高职院校的科研成果与自身规模不对称。

我国高职院校在规模上占据了整个高等教育的半壁江山已是不争的事实,但就取得的科研成果来看,还需进一步提升。《中国高教研究》曾对 2000—2006 年在 14 家(2000—2002 年是 11 家)全国中文核心期刊上发表的高等教育科研论文进行了统计。2006 年国家首批重点建设的 28 所示范性高职院校中,只有 10 所院校发表了 36 篇论文,在所有被统计论文中的贡献率仅为 1.14％;到 2008 年全国普通高职院校发文情况依然不容乐观,在全国 1169 所普通高职院校中,发文院校为 124 所,仅占全国普通高校的 7.00％;124 所普通高职院校数量在 14 家期刊上发表高等教育科研论文 262 篇,占被统计论文的 8.11％(2007 年为 6.26％)。这些数据与全国高职院校数量在普通高校中占 61.87％的比例显然是极不相称的。虽然这些数据不能全面地反映整个高职院校的科研情况,但也从一个侧面说明我国高职院校的科研实力还比较单薄,与自身的地位很不相符。

(2)科研与教学脱节。

由于起步晚、底子薄,加上受传统观念等因素的影响,高职院校普遍认为教学是最重要的、是第一位的,科研无关大局。一种情况是把科研当成硬任务,写论文或课题研究的主要目的是为评职称服务,存在着明显的功利性,严重背离了科学研究的宗旨和高校的价值追求。这种科研不可能取得质的突破,科研内容浮浅且和教学严重脱节,割裂了教学和科研之间的天然联系,没有认识到离开科研的教学就像无源之水,教学质量难以提高,而脱离教学的科研是没有生命力的。另一种情况是把课题或项目看成科研,离开教学单纯地搞科研,纯粹地为了科研而科研,模糊了高校与科研院所之间的区别。以上两种情况都把教学和科研孤立开来，致使学校的科研与教学成了两条永不相交的平行线，这在一定程度上弱化了学校科研工作的功能和目的，也使得科研工作缺乏应有的活力。

（3）科研与市场错位。

国家教育部的一份研究报告显示，由于高校科技成果转化机制缺乏内在的动力机制、社会投资机制以及外在的经济载体等，高校每年的国家级科技成果达 6000～8000 项，但真正实现有效转化与产业化的还不到 10％。这与美国、日本等发达国家科技成果转化率达到 70％左右的水平有相当大的差距。目前，我国高校的大多数科研成果尚属于理论成果，基本上处于"实验室"阶段，而企业需要的则是"短、平、快"型的研究成果，在这种情况下高校的科研就与市场需要形成了错位，造成科研成果转化渠道不顺畅，不仅浪费了教育资源，也影响了科研对经济的推动作用。

（4）科研经费短缺。

充足的办学经费是各类学校正常运转的保证，对高等院校来说，办学经费显得尤为重要。无论是国外的知名大学还是国内的高校都充分证明了办学经费对高校自身发展的重要性。在我国，由于特殊的国情，高等职业教育虽然已经是我国高等教育的重要组成部分，但获得的办学经费却相对较少，再加上高职院校获得社会捐资办学的机会不多，高职院校的办学经费显得捉襟见肘。上海市教育科学研究院职业教育与成人教育研究所所长、高等职业技术教育发展研究中心主任马树超在中国职业教育振兴论坛上说：2007 年高职教育的教育经费占整个高教经费的 15％左右。可以看出，我国高职教育虽然在规模上占据高等教育的半壁江山，但教育经费却只占整个高等教育经费的 20％还不到，用于科研的经费更是甚少。在这种情况下，如何提升高职院校的科研水平，使其更好地为地方经济发展服务值得深思。

（5）科研不端行为。

早在 100 多年前，赫胥黎在给他的一位朋友的信中这样写道："你对科学圣殿内发生的令人惊讶的事情一无所知。我担心科学并不比人类活动的其他任何领域更为纯洁，尽管它理应如此。仅诉诸道德是无济于事的，还得让公众的知情和了解来起点作用。"虽然赫胥黎没点谁的名也没说具体的事，但显然他这是对某些科研不端行为有感而发。近年来，由于科研人员在申请经费、发表论文、就业机会、岗位升迁、工资待遇、同事竞争等方面面临日益增长的巨大压力,科研不端行为屡见不鲜。高职教育作为我国高等教育的重要组成部分,其科研定位是技术应用项目的研究。这些研究项目一般都具有研究周期短、时效性强、效果明显等特点,这就要求科研人员必须在短时间内完成所承担的科研项目。但由于高职院校整体科研实力较弱,加之在申报课题上存在着好高骛远、盲目攀比、只重数量不重质量的现象,有些科研人员在研究过程和结题时出现科研不端行为。这不仅违反了学术道德,还影响了学校声誉,使一些企业对学校产生不信任感,减少与学校进一步合作的机会,同时也阻碍了学校科研的健康可持续发展。

第三节　A 学院提升教师专业发展的案例研究①

　　A 学院是 1999 年由教育部批准成立的从事高等职业教育的全日制普通高校,是 2006 年国家首批建设的示范性高职院校。学院以"建设开放程度高,资源整合能力强,特色鲜明,具有较高国际知名度的高水平、高质量、高效率的国内一流职业技术学院"为目标,践行"素质为核心,能力为基础"的育人理念,在实践中形成了合作办学、合作育人、合作就业"三位合一",政府、学校、企业"三方联动"的办学模式,被教育部高职高专院校人才培养工作水平评估专家和《光明日报》誉为"中国现代高职教育的宁波北仑模式"。几年来,A 学院先后成为国家示范性高职院校协作委员会副会长单位、中国高等教育产学研合作教育协会副会长单位、全国高职教育研究会副会长单位、全国高职高专校长联席会议秘书处及中国高职高专教育网委托承担单位、中国教育会计学会高等职业院校分会秘书处单位。A 学院还是全国高职高专现代教育技术师资培训基地、全国高校产学研合作教育首家高职高专实验基地、教育部数控技术实训基地、浙江省重点建设的示范性现代制造技术实训基地、国家维修电工职业技能鉴定所等,也是浙江省日语自考(大专)主考学校。2005 年,A 学院被评为全国职业教育先进单位。2010 年,A 学院成为教育部高等职业教育物流

　　①　参见胡晓霞.高职院校教师考核评价机制构建的实践探索与思考——以国家示范高职院校 A 学院为例[J].职教论坛,2015(14):14-17.

管理专业教学资源库建设项目主持单位。2009 年，A 学院与中国塑料机械工业协会理事长单位海天集团共同申报的"搭建教学育人就业'三位合一'开放平台，培养高技能机电人才的探索与实践"获第六届高等教育国家级教学成果奖一等奖。2014 年，A 学院"基于'院园融合'的校企合作育人长效机制探索与实践"项目又获得 2014 年职业教育国家级教学成果奖一等奖。A 学院是引领区域高职院校发展的一面旗帜，在宁波市及全国高职教育领域具有较大的影响力和代表性，这也是选择把该学校作为研究样本的一个最主要原因。

一、A 学院提升教师专业发展的实践探索

（一）建立一票否决的师德考核制度

学院成立了师德建设领导小组，由学院院长任领导小组组长，党委委员任副组长，相关各部门和二级院系负责人为组员。领导小组下设工作组，分工明确，以确保工作落到实处。学院出台《A 学院教师职业道德规范》，从"自尊自重，注重仪表""爱岗敬业，教书育人""以身作则，为人师表"三个方面明确规定教师的日常行为准则 40 条，并规定了教师用语"十要十忌"。学院把师德表现作为各类考核首要依据，建立起多维度的评价体系，实行"师德一票否决制"。凡出现违背师德准则行为的教师不得参与职务职称聘任、进修深造和评优奖励。

（1）融入学年绩效考核。各院系根据学院学年考核的指导性意见，结合自身实际，制定相应的考核方案。比如，工商管理学院规定师德师风考核占学年考核总评的 30％，并详细列出师德相关的教书育人、教风学风、团队合作等方面的评价标准。此外，服务学生、服务企业等体现教师奉献精神的项目也作为考核内容。

（2）融入教学业绩考核。教学业绩考核分为督导考核、学生评价和同行评价。三方面的考核均将师德列入评价标准。其中，学生评价系统中教学态度、关心学生等评价项目最能真实地反映出学生对师德的反馈。

（3）融入晋升考核。将师德作为干部晋升、职称评审等基础考核内容，严打学术造假、学历造假等不诚信行为。

（4）融入新教师录用考核。学院引进教师严把入口关，在提高教师任职学历标准、教育教学能力要求的同时加强品行考察，探索科学的引人标准。此外，对于新教师试用期考核，师德也一直被视为重要的考核标准。

因此,师德表现关系到教师在校发展的切身利益,使其正在成为教师行为的"指挥棒"。

(5)建立师德发展的常态化监测分析机制。学院建立起师德发展监测机制,开展教师思想状况调查分析与研判,定期开展学院师风调查,对专任教师从师德师风方面进行评分并排名,将平时师德监测与全院性的师德调查结合起来。

在平常监督过程中,各院系对在师德师风建设方面做出突出成绩的教师予以表彰;对于个别教学效果较差、学生反映较多以及不积极参与学院各项集体活动的教师,学院在职工大会和校园网上予以通报批评,并及时采取措施帮助其改进和提高;对于违反师德师风建设有关规定,经教育和帮助仍不改正的教师,学院予以严肃处理,以此促进学院全体教师都更好地履行教书育人的职责。

(二)建立"以生为本,以导为主"的教学业绩考核机制

学院教师教学业绩考核包括教学工作量、教学效果、教学建设与改革研究成果三个方面,其中教学效果评价是教师教学业绩考核中的重点和难点。自2009年以来,学院加大学生评教和督导同行评教在教学业绩评价中的比重,使教学效果评价逐步从"重结果评价、量化计分"评价向"结果与过程并重、重视反馈激励"评价持续改进。

首先,改进学生评教工作,结果量化评价与过程信息反馈并重。学院改进了学生评教的指标,加强了对实践类课程的评价,提高了评价的科学性。及时反馈学生评教结果,每位教师可登录评教网查询到自己所执教的每个班级、每条指标的得分情况。同时,学院开发了网上学生反馈平台,学生日常可随时登录发表教学意见和建议的平台,但不进行打分。教师在每次课后都可以在此平台上查询学生对自己教学的评论,以利于教师及时改进教学。

其次,改进督导评价机制,探索突出学生学习投入和学习效果的评价方式。学院建立以帮扶、指导、示范为主要目的的督导听课制度,把督导"随机听课"作为一项常态工作,及时了解课堂教学状况,及时与授课教师交流研讨,提高课堂教学效益。重点督导新进教师开设课程、学生评价不良课程以及学生群体投诉课程,对相关课程做出鉴定,并提出改进意见和建议。

最后,建立涵盖教学目标、教学过程和教学结果各环节的教学巡查制

度。通过重点检查课程标准(或教学大纲)与教学设计(整体设计、单元设计)的建设、修订、完善及衔接情况,教材建设或选用的审核、评价情况等,考核教师教学目标设置的合理性;通过重点开展教学巡视,关注师德师风、学生学习投入状况、学生到课率、听课率、互动率、"两本"工程、实践能力、5S管理、顶岗实习与毕业设计的管理及指导等,考核教师教学过程是否做到了以学生为中心;通过重点关注学生作业与教师辅导、学生学习绩效考核与评价、教学进度及教书育人方面的奖惩情况等,考核教师的教学效果是否达到了预期的目标。

(三)建立分类发展的聘期和升等考核机制

首先,以工作内容为主线,建立分类考核标准。以工作内容为主线的分类,本着尊重教师专业发展的原则,学院将教师分为教学型、教学科研型、科研型和服务型四类,不同类别教师的工作都含教学、科研和服务三大主题,但考核要求不同。教学型教师一般为助教和讲师职称教师,工作权重为教学工作80%,科研工作10%,服务工作10%;主要工作包括教学工作量达标,科研工作量达标,承担班主任等服务工作。教学科研型教师一般为副教授职称教师,工作权重为教学工作60%,科研工作30%,服务工作10%;主要工作包括教学工作量达到标准的80%,科研工作量达到教学科研型教师标准,承担班主任、青年教师培养、校企合作等服务工作。科研型教师一般为教授和研究所所长,工作权重为科研工作50%,教学工作40%,服务工作10%;主要工作包括教学工作量减半,科研工作与科研处签订协议,承担青年教师培养、校企合作、班主任等服务工作。服务型教师一般为兼职实验员、兼职行政管理人员等,工作权重为教学工作40%,科研工作10%,服务工作50%;主要工作包括教学工作量减半,科研工作量达到合格标准,承担专业建设与管理或者实验室管理等服务工作。

其次,以职称等级为主线,建立分层考核标准。本着发挥教师特长的原则,以职称为主线,学院将教师分为正高级、副高级、中级和初级四个层级。不同层级的教师承担不同的工作,设定不同的考核标准。初级职称的教师由于年轻且教学经验不足,将主要定位于服务型教师,承担适量的教学任务。中级职称教师一般为教学的中坚力量,一般定位于教学型教师。高级职称教师可以自主选择教学科研型或科研型教师。正高级职称教师如选择教学型教师(专业主任),可以承担相对较少的教学工作,但需肩负专业建设、培养青年教师、带领教学团队的工作任务。

再次,以教师类型为主线,实现教师考核评价主体和途径的多元化。不同的工作内容由不同的考核主体来实现,探索学生、同事、管理者、专家、职能处室、专业学术团体、企业、社会等多方参与的多元化评价主体。学院引入 ISO 质量管理体系,采用信息化平台,突出过程性考核,拓展多种评价方法和途径,采用信息化手段,确保考核的科学、公平、可信。如科技服务型教师的评价主体可以是企业和社会,由科研处考察其对社会经济的贡献。评价方式以定性和定量相结合,校内评价与社会影响相结合,专家评价与企业评价相结合。

最后,以职称评聘为主线,探索教师分类考核结果与专家评审相结合的职称评审办法。在日常考核的基础上,将日常考核结果与职称评聘合理对接,采用教师分类考核结果和专家评审相结合的评价方法,建立以任职资格、岗位能力为主要内容的不同类型教师的职称评审体系,引导教师分类发展。

（四）建立反馈机制,切实提高考核促进成长的有效性

首先,建立基于考核结果的薪酬分配体系。根据"按岗取酬、重在绩效、加强考核、二级分配"的原则,将教职工的薪酬分为基本工资、岗位津贴、年度考核奖、特殊津贴（奖励）和项目资助等。基本工资部分按现行标准由学院人事部门代发,各二级学院负责制定具体岗位津贴发放及考核细则,负责对所属员工提出岗位工作要求并实施考核,根据工作量及考核情况发放岗位津贴和年度考核奖。各二级学院可根据本单位实际情况,设定岗位津贴档次;或设首席教师、专业带头人、骨干教师等教师岗位,并按上述岗位发岗位津贴,可根据教职工业绩考核情况实行低职高聘或高职低聘。通过放权到二级学院,将薪酬分配与业绩考核结合起来,既提高了考核促进成长的实效性,又调动了教师专业发展的积极性。

其次,参考考核结果,开展基于岗位的专业发展培训。考核的根本目标是促进教师的专业发展。为了帮助教师达到考核目标,学院专门制定了《教职工进修（培训）管理办法》,并提供专项资金大力支持、鼓励教师通过多种途径进修学习。2008—2013 年期间,学院每年组织培训达 300 多人次,每年组织约 100 人参加各种类型的出国培训。同时,学院特聘职教专家为全体教师提供教学、科研、管理等方面个性化的培训和指导。例如,聘请职教课程专家带领开展专业课程开发和设计,手把手地传授,让

本专业教师在课程改革领域受益匪浅;聘请职教教学管理专家指导二级学院推进学分制改革,通过座谈、研讨、直接参与工作等方式,指导教师开展工作等。通过一系列的培训,促进了教师专业水平的提升。

最后,营造促进成长的团队氛围。学院遴选出一批优秀教师,通过以优秀教师为轴心,组建不同类型的研究所、工作坊,围绕研究所、工作坊组建专业团队,带动教师专业发展。如学院围绕区域产业发展需要,先后成立了化工研发中心、机械研发中心、应用电子研究所、艺术研究所、物流研究所等研究机构,通过搭建技术服务平台,组建技术攻关小组,服务企业需求,提升了教师技术服务能力,促进了教师的专业发展。

二、A 学院提升教师专业发展的基本经验

(一)加强师德考核是灵魂

合格的老师首先应该是道德上的合格者,好老师首先应该是以德施教、以德立身的楷模。加强对教师职业道德的考核,是建设作风良好师资队伍的重要保障。通过加强师德考核,在师德师风建设领导小组和督促检查小组的带领下,学院师德师风建设工作健康深入发展,全校师德状况呈现积极、健康、向上的发展态势,教师的精神面貌及教风有明显的改善。

(二)教学业绩考核是核心

教学是学院人才培养工作的核心,只有切实提高了教师的教学能力,才能更好地提高人才培养质量。学院一直将教学业绩考核作为教师考核的核心,通过学生评教、督导评教、同行评教等教学业绩考核手段有效地对教师的教学业绩进行了考核。同时,通过考核反馈系统及时将考核结果反馈给教师本人,帮助教师及时了解自己在教学工作中存在的不足,并在专家的指导下不断提高自己的教学能力,有效地促进了教师教学能力的提高。

(三)激励机制建设是动力

完善的激励机制是促进教师发展的重要外部动力,教师业绩考核必须与相应的激励机制建设相配套。学院通过建立薪酬激励机制、荣誉激励机制,充分放权,发挥二级学院及职能部门的积极性,建立了系统的教师成长激励制度,调动了教师参与考核的积极性,实现了"以激励促考核,以考核促发展"的政策目标,提高了业绩考核的实效性。

（四）加强教育培训是保障

考核的根本目标是促进教师成长，完成工作业绩，提高人才培养质量。学院在提出考核要求的同时，开展了一系列的教师专业发展培训，通过培训提高了教师的教学能力、科研能力以及社会服务能力。考核与培训相辅相成，促进了教师整体素质的提升。

第三章　高职院校教师职业认同研究①

第一节　高职院校教师职业认同的基本理论研究

一、研究的意义

本研究的对象是宁波高职院校的专任教师。教师的职业认同水平与其专业发展状况直接相关，进而影响高职院校的教师队伍建设和人才培养质量。如何提高职业认同水平，是高职院校教师专业发展过程中面临的新课题。目前，对高职院校教师的关注多囿于其"外部"要求，而对职业认同等"内部"因素的关注相对较少。忽视教师的主体地位而仅仅关注其职业发展的外部要求，难以准确揭示该群体的职业特征并促进该群体的专业发展。基于此，本研究运用教育学、心理学和社会学的理论对宁波高职院校教师的职业认同问题进行研究，探讨该群体职业认同的形成机理并构建理论模型，分析该群体职业认同的问题、差异性及原因，最后提出具有针对性的支持策略。

（一）理论意义

高职院校教师职业认同是教师的个体经验与他们所处的社会环境、

---

① 参见张振，王琪.高职院校教师职业认同结构与特点研究——基于宁波 6 所高职院校的调查[J].职教论坛,2017(10):36-41.

文化环境和制度环境持续作用的结果,其内容或对象主要涉及教师职业和职业角色。本研究对已有的研究成果和相关文献进行整理、分析和总结,通过逻辑推理和理论分析厘清高职院校教师职业认同的内涵与结构,确定高职院校教师职业认同研究的理论分析框架,一方面有利于深化有关高职院校教师职业认同的研究,完善有关高职院校教师职业认同的理论;另一方面,有利于拓展有关高职院校教师专业发展的研究,丰富有关高职院校教师专业发展的理论研究成果。

(二)现实意义

考察宁波高职院校教师职业认同的现状,剖析宁波高职院校教师职业认同的问题、差异性及其原因,能够为该群体职业认同水平的提升提供参考建议。具体而言:首先,本研究有助于了解宁波高职院校教师职业认同的现状,为提高该群体的职业认同水平提供依据和方法指导。其次,教师职业认同是教师专业素质的重要内容,本研究有助于提高宁波高职院校教师的专业素质、促进宁波高职院校教师的专业发展。最后,科学研究宁波高职院校教师的职业认同,有助于提高该群体的教育成效,进而提升高职院校的人才培养质量。

二、核心概念界定

(一)认同

认同可以简单解释为认可赞同。作为一个心理学名词,认同(identification)系指体认与模仿他人或群体的态度、行为,并使之成为个体人格一个组成部分的心理历程。在已有的相关研究中,学者们从不同视角对认同的内涵进行了解读,大体包括以下两种观点。

一是从机制特征的角度对认同进行界定。国外学者 Wah Tan[1]、Twiselton[2] 认为,认同通过一系列的社会互动会在一定的社会情境中发

---

　　[1]　WAH T. Professional development and perceptions of professional identity amongst some teachers in a school for mentally retarded children[C]. Paper presented at the 8th conference of the International Study Association on Teacher Thinking, Kiel, Germany, 1997.

　　[2]　TWISELTON S. The role of teacher identities in learning to teach primary literacy[J]. Educational review, 2004, 56(2): 157-164.

生,个体通过此种方式内化或建构相应的社会角色。国内学者顾明远[①]、荆其诚[②]认为,认同具有自居的特征,个体选定他人或群体作为行为榜样,通过对其进行模仿并表现出与之类似的态度和行为。

二是从功能发挥的角度对认同进行界定。国外学者 Maclure[③]、Flores 和 Day[④]认为,认同主要发挥判断、解释、厘清个体价值观的作用,并依此区分与其他个体或群体的关系。国内学者朱智贤[⑤]、沙莲香[⑥]认为,认同主要发挥防御性的功能,并依此维护个体人格与社会文化之间的统一性。

综上所述,认同系指认同主体与认同对象的一致与协调。其中,认同对象是多元的,包括自我、经历、群体的成员资格、社会角色、学习轨迹等。认同具有主体间性,可以被描述为一个正在进行着的过程。

(二)职业认同

对于职业认同内涵的表述,学界莫衷一是。职业在人类社会分工体系之下衍生而来,它是一种劳动角色类别和一种社会群体的表现形式。职业认同以社会认同理论为基础,是个体对所从事职业的肯定性评价。群体内部成员对职业的认同遵循社会认同的基本规律。在已有的相关研究中,学者们从不同视角对职业认同的内涵进行了解读,大体包括以下三种观点。

第一种观点认为职业认同以"自我"概念为基础,经由"自我"认同所涉及的心理成分推论演化而来。持此观点的代表学者包括 Bullough 和

---

① 顾明远.教育大词典[M].上海:上海教育出版社,1990:390.

② 荆其诚.简明心理学百科全书[M].长沙:湖南教育出版社,1991:397.

③ MACLURE M. Arguing for yourself: identity as an organizing principle in teachers' jobs and lives[J]. British Educational Research Journal,1993,19(4):311-322.

④ FLORES M A,DAY C. Contexts which shape and reshape new teachers' identities :a multi-perspective study[J]. Teaching and Teacher Education,2006,22(2):219-232.

⑤ 朱智贤.心理学大词典[M].北京:北京师范大学出版社,1989:134.

⑥ 沙莲香.社会心理学[M].北京:中国人民大学出版社,2002:2.

Baughman①、Sleegers 和 Kelchtermans②、Steeley③ 等。

第二种观点认为职业认同是由单一要素组建的心理构念，它展现了个体对职业持有的相对稳定的态度以及一种行为倾向。持此观点的代表学者包括吴慎慎④，Dick、Wagner 和 Stellmacher⑤ 等。

第三种观点认为职业认同所涉及的心理内容包含多个层面的理论假设，个体对职业的认知、态度、行为倾向并非由单一的心理因素决定。Goodson 和 Cole⑥，Von Krogh、Ichijo 和 Nonaka⑦，Van den Berg⑧ 持有这一观点。

三、国内外研究现状

（一）关于教师职业认同内涵的研究

有关教师职业认同内涵的研究可以归纳为四种学说，分别为感知说、角色说、动态说、过程说。

"感知说"认为教师是一种高度自我涉入的职业，教师职业认同就是教师个人对自己身为教师的概念，并能对职业的各个方面做出积极的感

---

① BULLOUGH R V，BAUGHMAN K. First year teacher eight years later：an inquiry into teacher development[M]. New York：Teachers College Press，1997.

② SLEEGERS P，KELCHTERMANS G. Introduction to the theme issue：teachers' professional identity[J]. Pedagogisch tijdschrift，1999，24(4)：369-373.

③ STEELEY S L. Language，Culture and Professional Identity：Cultural Productions in a Bilingual Career Ladder Training Program[D]. Virginia：George Mason University，2005.

④ 吴慎慎.教师专业认同与终身学习：生命史叙述研究[D]. 台北：台湾师范大学，2003.

⑤ DICK R，WAGNER U，STELLMACHER J，et al. The utility of a broader conceptualization of organizational identification：which aspect is really matter？ [J]. Journal of occupational and organizational psychology，2004，77(2)：171-191.

⑥ GOODSON I F，COLE A L. Exploring the teacher[J]. Teacher education quarterly. 1994，21(1)：85-105.

⑦ VON KROGH G，ICHIJO K，NONAKA I. Enabling knowledge creation[M]. Oxford：Oxford University Press，2000.

⑧ VAN DEN BERG R. Teachers' meanings regarding educational practice[J]. Review of educational research. 2002，72(4)：577-625.

知和正面的评价。持此学说的代表学者包括 Kelchtermans①、吴慎慎②、于慧慧③。

"角色说"认为教师职业认同类似于用教师需要获得的知识和技能来解释的角色,涉及个体对教育和对在教育实践中作为一名教师的自己的解释框架。Preuss 和 Hofsass④、Ten Dam 和 Bolm⑤ 持这一观点。

"动态说"认为教师职业认同是对经验进行解释和再解释的动态过程,它依据情境、个体因素和紧急事件而多次改变,持此观点的有Melucci⑥、Conway⑦ 等。

"过程说"认为教师职业认同是个体从自己的经历中逐渐发展、确认自己的教师角色的过程,是教师个体经验与所处环境相互作用的结果。持此观点的国内外代表学者包括 Dillabough⑧、Van den Berg⑨、魏淑华⑩。

---

① KELCHTERMANS G. Telling dreams, a commentary to newman from a European context[J]. International journal of educational research,2000(33):209-211.

② 吴慎慎. 教师专业认同与终身学习:生命史叙述研究[D]. 台北:台湾师范大学,2003.

③ 于慧慧. 中学青年教师职业认同现状研究——来自湖南省小城市中学的调查[D]. 长沙:湖南师范大学,2006.

④ PREUSS E,HOFSASS T. Integration in the Federal Republic of Germany:experiences related to professional identity and strategies of teacher training in Berlin[J]. European journal of teacher education,1991,14(2):131-137.

⑤ DAM T,BOLM S. Learning through participation. The potential of school-based teacher education for developing a professional identity[J]. Teaching and teacher education, 2006, 22(6):647-660.

⑥ MELUCCI A. The playing self:person and meaning in the planetary society [M]. Cambridge:Cambridge University Press,1996.

⑦ CONWAY P. Anticipatory reflection while learning to teach:from a temporally truncated to a temporally distributed model of reflection in teacher education [J]. Teaching and teacher education,2001(17):89-106.

⑧ DILLABOUGH J A. Gender politics and conceptions of the modern teacher:women, identity and professionalism[J]. British journal of sociology of education,1999, 20(3):373-394.

⑨ VAN DEN BERG R. Teachers' meanings regarding educational practice[J]. Review of educational research. 2002,72(4):577-625.

⑩ 魏淑华. 教师职业认同与教师专业发展[D]. 曲阜:曲阜师范大学,2005.

（二）关于教师职业认同结构的研究

国内外学者对教师职业认同结构研究的维度存在差异,于慧慧从教师职业认同结构的外在影响因素出发,认为教师职业认同包括九个维度,分别为:职业能力、职业意义、职业特征的认识、对领导的认同、对同事的认同、对学生的认同、对工作回报的认同、对工作背景的认同、对所在学校的归属感。① 魏淑华从教师职业认同结构的内在组成要素出发,认为教师职业认同包括六个要素,分别为:职业认识、职业情感、职业意志、职业技能、职业期望、职业价值观。② Kremer 和 Hofman 从教师职业认同结构的固有功能出发,认为教师职业认同包括四个认同,分别为:向心性(centrality)、价值(valence)、团结(solidarity)和自我表现(self-presentation)。③ Brickson 结合了教师职业认同的内、外部特征,认为教师职业认同从理论上可以区分为个人的、集体的和相互的三大因素,每个因素又包含了认知、情感、行为和社会四个方面。④

（三）关于教师职业认同影响因素的研究

有关教师职业认同影响因素的研究大致包括以下三种观点。

第一种观点认为教师职业认同受到性别、年龄、教龄、所教学科等个体特征因素的影响,持此观点的有 Beijaard、Meijer 和 Verloop⑤,魏淑华⑥,于慧慧⑦。

---

① 于慧慧.中学青年教师职业认同现状研究——来自湖南省小城市中学的调查[D].长沙:湖南师范大学,2006.

② 魏淑华.教师职业认同与教师专业发展[D].曲阜:曲阜师范大学,2005.

③ KREMER L,HOFMAN J E. Teachers' professional identity and burnout[J]. Research in education,1981(34):89-93.

④ BRICKSON S D. The impact of identity orientation on individual and organizational outcomes in demographically diverse settings[J]. Academy of management review,2000,25(1):82-101.

⑤ BEIJAARD D, MEIJER P C, VERLOOP N. Reconsidering research on teachers' professional identity[J]. Teaching and teacher education,2004,20(2):107-128.

⑥ 魏淑华.教师职业认同与教师专业发展[D].曲阜:曲阜师范大学,2005.

⑦ 于慧慧.中学青年教师职业认同现状研究——来自湖南省小城市中学的调查[D].长沙:湖南师范大学,2006.

第二种观点认为教师职业认同受到先前经历、重要他人、关键事件和教学经验等个体传记因素的影响，持此观点的有 Knowles、[①] Samuel 和 Stephens[②]、Newman[③]、Malm[④]。

第三种观点认为教师职业认同受到教学环境、学校文化与领导、学生和教育争论等教学环境因素的影响，持此观点的有 Bullough[⑤]、Proweller 和 Mitchener[⑥]。

总体而言，国内外关于教师职业认同的研究已经取得了一定的成果，这为后续研究奠定了良好的基础。但已有研究尚存在不足：首先，研究对象多为中小学教师，对高职院校教师职业认同的研究较少。其次，研究方法多为质的研究，在少量有关教师职业认同的量的研究中，主要采用问卷调查法，调查样本较小。最后，在研究深度方面，多数研究仅限于证实教师职业认同与其他变量之间的相关性，但对于教师职业认同与这些变量之间的影响机制却鲜有探讨，更少见到关于教师职业认同影响效应模型的研究。

---

① KNOWLES G J. Models of understanding pre-service and beginning teachers' biographies[M]// GOODSON. Studying teachers' lives. London：Routledge，1992.

② SAMUEL M，STEPHENS D. Critical dialogues with self：developing teacher identities and roles-a case study of South Africa student teachers[J]. International journal of educational research，2000，33(5)：475-491.

③ NEWMAN S. Seeds of professional development in preservice teachers：a study of their dreams and goals[J]. International journal of educational research，2000，33(2)：123-217.

④ MALM B. Constructing professional identities：montessori teachers' voices and visions[J]. Scandinavian journal of educational research，2004，48(4)：397-412.

⑤ BULLOUGH R. Uncertain lives：children of promise，teachers of hope[M]. New York：Teachers Colleges Press，2001.

⑥ PROWELLER A，MITCHENER C P. Building teacher identity with urban youth：voices of beginning middle school science teachers in an alternative certification program[J]. Journal of research in science teaching，2004，41(10)：1044-1062.

第二节　高职院校教师职业认同结构的实证研究

一、理论模型构建

结合国内外学者的研究以及高职院校教师的特点,本研究从职业价值认同、职业情感认同、职业行为认同三个维度构建高职院校教师职业认同的理论结构。通过对宁波 N 高职院校 23 名教师进行访谈,从上述三个维度描述他们对高职院校教师职业认同的态度与表现,形成由 29 个题项组成的问卷。之后请台湾 G 大学工业科技教育学系教授以及宁波某高职院校高教研究所 4 名专职研究人员对每个题项的表述、题项与研究主题及具体维度的吻合程度进行评价和修改,最终形成的《高职院校教师职业认同问卷》由三个维度 20 个题项组成。问卷使用李克特(Likert)五点量表,分别为:非常符合(5 分)、符合(4 分)、一般(3 分)、不符合(2 分)、非常不符合(1 分)。分数越高表明高职院校教师的职业认同程度越高。

二、实证模型检验

本研究以宁波市 6 所高职院校的教师为研究对象,共发放 500 份问卷,回收问卷 441 份,回收率为 88.2%;剔除无效问卷 119 份,有效问卷共计 322 份,有效率为 73.0%。施测方式为集体施测,现场回收。数据统计采用 SPSS 19.0 软件进行处理。

(一)题项分析

题项分析采取临界比法(Critical Ration)和相关分析法。临界比法运用独立样本 t 检验,检验问卷总分高分组(总分前 27%)和低分组(总分后 27%)在每个题项上的差异,将未达显著差异的题项删除。相关分析法运用被测试者在每个题项上得分与问卷总分的相关系数作为鉴别力指数,将相关系数低于 0.200 的题项删除。题项分析结果表明,20 个题项均达到显著差异,但题项 14 与总分的相关系数为 0.181,小于 0.200,故将题项 14 删除(见表 3.1)。

表 3.1　题项分析结果

题项	临界比值(CR)	题项与总分相关	题项	临界比值(CR)	题项与总分相关
1	7.744***	0.420**	11	16.071***	0.819**
2	8.697***	0.587**	12	16.337***	0.672**
3	9.718***	0.608**	13	12.754***	0.648**
4	8.942***	0.596**	14	2.595**	0.181**
5	14.491***	0.708**	15	12.153***	0.624**
6	14.820***	0.698**	16	12.374***	0.630**
7	15.168***	0.742**	17	14.935***	0.708**
8	12.885***	0.610**	18	8.680***	0.572**
9	11.781***	0.643**	19	10.383***	0.660**
10	11.673***	0.704**	20	12.246***	0.637**

注:** 表示 $p<0.01$, *** 表示 $p<0.001$。

(二)探索性因素分析

探索性因素分析旨在抽取公共因素(common factor),以便用较少的变量表征相对复杂的数据结构。在探索性因素分析之前,需要进行 KMO 样本适合性检验(Kaiser-Meyer-Olkin Measure of Sampling Adequacy)和巴特利特球形检验(Bartlett's Test of Sphericity)。其中,KMO 的值以接近 1.000 为佳,0.500 以下不可接受。探索性因素分析还需根据一系列标准删除或修改题项,具体标准如下:(1)共同度小于 0.200 的题项予以删除;(2)在各因素上的载荷量均小于 0.300 的题项予以删除;(3)在两个及以上因素上的载荷量大于 0.400 的题项予以删除;(4)某个因素的题项小于 3 个予以删除。

按照上述步骤和标准,采用主成分分析法(Principal Component Analysis)进行了两次因素分析。第一次因素分析(19 个题项)前的 KMO 样本适合性检验结果显示,KMO 值为 0.925,非常适合做因素分析。巴特利特球形检验结果显示,$\chi^2=3044.758$,$df=171$,$p=0.000$,总体相关矩阵有公共因素存在。题项 1 的共同度为 0.144,予以删除;题项 3、12、17 在两个因素上的载荷量大于 0.400,题项 11 在三个因素上的载荷量大于 0.400,都予以删除。在删除了 5 个题项之后进行第二次因素分析

(14 个题项),第二次因素分析前的 KMO 样本适合性检验结果显示, KMO 值为 0.900,非常适合做因素分析。巴特利特球形检验结果显示,$\chi^2=2032.233$,$df=91$,$p=0.000$,总体相关矩阵有公共因素存在(见表 3.2)。

表 3.2　因素分析结果

题项	方差最大正交旋转法转轴后因子载荷量			共同度
	因素一	因素二	因素三	
6	0.799			0.700
5	0.738			0.640
7	0.731			0.665
18	0.683			0.498
15	0.667			0.579
13	0.646			0.502
4		0.843		0.741
19		0.803		0.724
10		0.729		0.681
2		0.619		0.487
20		0.533		0.484
9			0.831	0.785
8			0.780	0.694
16			0.533	0.480
特征值	3.525	2.995	2.141	8.661
累计解释变异量/%	25.178	46.572	61.864	61.864

高职院校教师职业认同的理论假设结构包括职业价值认同、职业情感认同、职业行为认同三个因素。其中,职业价值认同对应的题项为 5、7、16,职业情感认同对应的题项为 6、8、9、13、15、18,职业行为认同对应的题项为 2、4、10、19、20。在高职院校教师职业认同的实证结构中,因素一对应的题项为 5、6、7、13、15、18,因素二对应的题项为 2、4、10、19、20,因素三对应的题项为 8、9、16。根据实证研究的结果,对理论假设结构进

行修正,将因素一命名为自我角色认同,因素二命名为行为方式认同,因素三命名为外在角色认同,即高职院校教师职业认同的实证结构由自我角色认同、行为方式认同和外在角色认同三个二阶因子构成。

(三)信度效度检验

1.信度检验

信度检验是对量表测量结果可靠性与稳定性的分析,包含内部信度和外部信度。根据研究主题和设计,此处主要采用克朗巴哈(Cronbach's alpha)系数法检验量表的内部信度[1]。该方法测验量表中题项得分的一致性,即评价各题项在多大程度上考察了同一内容。总量表的克朗巴哈系数在 0.800 以上为佳,各因素的克朗巴哈系数在 0.700 以上为佳;克朗巴哈系数在 0.600 以下不可接受[2]。自编《高职院校教师职业认同量表》的克朗巴哈系数为 0.898,各因素的克朗巴哈系数在 0.745~0.856,具有良好的同质性信度(见表 3.3)。

表 3.3　信度检验结果

	职业认同	自我角色认同	行为方式认同	外在角色认同
α	0.898	0.856	0.833	0.745

2.效度检验

效度检验是对量表能够准确测出所需测量事物程度的分析,包含内容效度(content validity)和结构效度(construct validity)。此处主要采用相关分析的方法计算量表与各因素之间、量表各因素之间的相关程度,据此检测量表的结构效度。量表与各因素之间的相关系数在 0.300~0.900,量表各因素之间的相关系数在 0.100~0.600 为佳[3]。量表各因素之间应具有中等程度的相关。若相关程度过高,表明量表各因素之间存在重合;若相关程度过低,表明有些因素与量表总体拟测量的内容不符。自编《高职院校教师职业认同量表》与各因素之间都呈显著相关,其

---

　　① 因"职业认同"的测度随时间和情境不同表现出较大差异,故无需通过重测考验其外部信度。

　　② 张文彤.SPSS统计分析基础教程[M].北京:高等教育出版社,2004:363-378.

　　③ 黄芳铭.社会科学统计方法学:结构方程模式[M].台北:五南图书出版股份有限公司,2003:256.

相关系数在 0.788~0.892;量表各因素之间也都呈显著相关,其相关系数在 0.554~0.578,相关程度为中等。量表与各因素之间的相关系数高于量表各因素之间的相关系数,表明量表各因素之间具有一定的独立性,且各因素又能反映量表测查的内容,本量表具有较好的结构效度(见表 3.4)。

表 3.4　效度检验结果

维度	自我角色认同	行为方式认同	外在角色认同	职业认同
自我角色认同	1.000			
行为方式认同	0.554**	1.000		
外在角色认同	0.557**	0.578**	1.000	
职业认同	0.892**	0.827**	0.788**	1.000

注:** 表示 $p < 0.01$。

第三节　宁波高职院校教师职业认同现状与问题的调查研究

在调查对象中,男性有 139 人,占样本总数的 43.2%;女性有 183 人,占样本总数的 56.8%。专科及以下有 4 人,占样本总数的 1.2%;本科有 125 人,占样本总数的 38.8%;硕士研究生有 175 人,占样本总数的 54.3%;博士研究生有 18 人,占样本总数的 5.6%。初级或无职称有 53 人,占样本总数的 16.5%;中级职称有 166 人,占样本总数的 51.6%;副高级职称有 86 人,占样本总数的 26.7%;正高级职称有 17 人,占样本总数的 5.3%。月收入≤3000 元有 6 人,占样本总数的 1.9%;月收入 3001~5000 元有 77 人,占样本总数的 23.9%;月收入 5001~7000 元有 135 人,占样本总数的 41.9%;月收入 7001~9000 元有 74 人,占样本总数的 23.0%;月收入≥9001 元有 30 人,占样本总数的 9.3%。

由于专科及以下、博士研究生、正高级职称、月收入≤3000 元所涉及的教师数量过少,不利于变量的差异分析,因此将它们分别与本科、硕士研究生、副高级职称、月收入 3001~5000 元合并,并更名为本科及以下、研究生、高级职称、月收入≤5000 元(见表 3.5)。

表3.5   调查对象基本情况

变量	水平	人数	占比/%
性别	男	139	43.2
	女	183	56.8
学历	本科及以下	129	40.1
	研究生	193	59.9
职称	初级或无职称	53	16.4
	中级职称	166	51.6
	高级职称	103	32.0
月收入	≤5000元	83	25.8
	5001~7000元	135	41.9
	7001~9000元	74	23.0
	≥9001元	30	9.3

注:月收入四舍五入至个位数。下同。

一、高职院校教师职业认同的总体状况分析

高职院校教师职业认同总体得分 $M=4.034$,高于临界值3,表明高职院校教师的职业认同水平较高。在职业认同的三个组成维度中,"行为方式认同"得分最高($M=4.355$),"外在角色认同"得分次之($M=3.881$),"自我角色认同"得分最低($M=3.842$)(见表3.6)。即高职院校教师的职业行为方式认同水平最高,外在角色认同水平次之,自我角色认同水平最低。

表3.6   高职院校教师职业认同及其各因素得分($N=322$)

项目	自我角色认同	行为方式认同	外在角色认同	职业认同
M(均值)	3.842	4.355	3.881	4.034
SD(标准差)	0.915	0.763	0.885	0.890

二、高职院校教师职业认同的变量差异分析

在高职院校教师职业认同的变量差异分析方面,主要从性别、学历、职称、月收入四个维度展开研究,考察高职院校教师职业认同在不同变量上的状况。

（一）高职院校教师职业认同的性别差异分析

独立样本 t 检验结果表明,高职院校教师职业认同在性别上无显著差异。在所调查的样本中,高职院校女性教师的职业认同及其各维度得分均高于男性教师(见表 3.7)。

表 3.7　高职院校教师职业认同的性别差异

维度	性别($M\pm$SD)		t 值
	男	女	
自我角色认同	3.772±0.968	3.895±0.869	−1.583
行为方式认同	4.314±0.821	4.387±0.715	−1.116
外在角色认同	3.803±0.930	3.940±0.845	−1.691
职业认同	3.972±0.944	4.080±0.843	−1.726

（二）高职院校教师职业认同的学历差异分析

独立样本 t 检验结果表明,高职院校教师职业认同在学历上并无显著差异。在所调查的样本中,高职院校具有研究生学历的教师在职业认同及其各维度上的得分均高于具有本科及以下学历的教师(见表 3.8)。

表 3.8　高职院校教师职业认同的学历差异

维度	学历($M\pm$SD)		t 值
	本科及以下	研究生	
自我角色认同	3.775±0.939	3.887±0.897	−1.420
行为方式认同	4.291±0.859	4.398±0.689	−1.609
外在角色认同	3.858±0.965	3.896±0.827	−4.500
职业认同	3.977±0.946	4.071±0.848	−1.485

（三）高职院校教师职业认同的职称差异分析

独立样本单因子变异数分析(One-way ANOVA)结果表明,高职院校教师的职业行为方式认同在职称上存在显著差异,其中具有高级职称的高职院校教师职业行为方式认同水平最高,中级职称次之,初级或无职称最低。在所调查的样本中,具有高级职称的高职院校教师职业认同水平最高,中级职称次之,初级或无职称最低;具有初级或无职称的高职院校教师职业自我角色认同水平最高，高级职称次之，中级职称最低；具有中级职称的高职院校教师职业外在角色认同水平最高，高级职称次之，初级或无职称最低（见表 3.9）。

表 3.9 高职院校教师职业认同的职称差异

维度	职称（$M\pm SD$）			F 值
	初级或无职称	中级职称	高级职称	
自我角色认同	3.896±1.044	3.816±0.880	3.856±0.899	0.296
行为方式认同	4.189±0.982	4.349±0.726	4.450±0.674	3.600*
外在角色认同	3.773±0.993	3.944±0.849	3.835±0.876	1.437
职业认同	3.974±1.023	4.034±0.856	4.064±0.869	0.447

注：*表示 $p<0.05$。

（四）高职院校教师职业认同的月收入差异分析

独立样本单因子变异数分析结果表明，高职院校教师的职业认同在月收入上存在显著差异，职业行为方式认同在月收入上存在极显著差异。随着高职院校教师月收入水平的增加，其职业认同水平和职业行为方式认同水平也在增加。多重比较结果表明，月收入≤5000 元与月收入≥9001 元的高职院校教师在职业认同水平上存在显著差异；月收入≤5000元与月收入 5001～7000 元、月收入 7001～9000 元、月收入≥9001 元的高职院校教师在职业行为方式认同水平上存在显著差异。在所调查的样本中，随着高职院校教师月收入水平的增加，其职业自我角色认同水平和职业外在角色认同水平也基本呈递增趋势（见表 3.10）。

表 3.10 高职院校教师职业认同的月收入差异

维度	月收入（$M\pm SD$）				F 值
	≤5000 元	5001～7000 元	7001～9000 元	≥9001 元	
自我角色认同	3.761±1.014	3.825±0.908	3.890±0.825	4.028±0.842	1.244
行为方式认同	4.133±0.980	4.394±0.701	4.468±0.585	4.520±0.588	6.237***
外在角色认同	3.767±0.997	3.909±0.878	3.883±0.776	4.067±0.804	1.432
职业认同	3.896±1.013	4.046±0.873	4.095±0.787	4.212±0.785	3.098*

注：*表示 $p<0.05$，***表示 $p<0.001$。

三、讨论

(一)高职院校教师职业认同的结构

本研究提出的高职院校教师职业认同的理论结构包含职业价值认同、职业情感认同和职业行为认同三个二阶因子,经过实证研究,将理论结构包含的三个二阶因子修正为自我角色认同、行为方式认同和外在角色认同。职业认同从来不是固定的和预设的,而是从多种社会情境中发展而来的,它是一个永远进行着的动态建构过程。[①] 高职院校教师的职业认同建构过程与普通教师不同,有其特殊性。首先,高职院校教师的职业认同受到传统身份崇拜和价值体系、国家政策及高职院校管理模式等外部因素的制约,并对其社会地位和声望等外在角色认同产生重大影响。[②] 其次,在外部因素的影响之下,高职院校教师通过自我反思的方式内化其职业认知和情感,形成内在角色认同,并以此调节自身的行为方式。高职院校教师职业认同的实证结构既反映出其职业认同受内、外部因素作用的现状,又体现了影响高职院校教师职业认同的内、外部职业特点。[③] 因此,由自我角色认同、行为方式认同和外在角色认同三个二阶因子构成的高职院校教师职业认同实证结构具有更强的解释力,能够更好地反映高职院校教师这一特殊群体的特点,对强化和提升该群体的职业认同也更具有现实意义。

(二)高职院校教师职业认同的特点

根据高职院校教师职业认同的均值和标准差得分($M=4.034$,SD=0.890)可知,超过50%的高职院校教师的职业认同水平高于4,大约有85%的高职院校教师的职业认同水平高于临界值3(见图3.1)。这表明高职院校教师的职业认同水平较高,但尚存在提升空间。在职业认同的三个组成维度中,行为方式认同、外在角色认同、自我角色认同得分依次

[①] CONWAY P. Anticipatory reflection while learning to teach:From a temporally truncated to a temporally distributed model of reflection in teacher education[J]. Teaching and teacher education,2001(17):89-106.

[②] 肖凤翔,张宇.高等职业院校教师职业认同的现状及强化路径[J].天津大学学报(社会科学版),2014(5):427-431.

[③] 赵宏玉,齐婷婷,张晓辉,等.免费师范生的教师职业认同:结构与特点实证研究[J].教师教育研究,2011(6):62-66.

降低。这一结果表明:一方面,受传统价值体系和身份崇拜的影响,高职院校教师的社会声望与地位相对较低,这导致高职院校教师对职业的自我角色持相对消极的态度;另一方面,高职院校教师肩负着"传道授业解惑"的职责,这使得他们对高职院校教师的职业行为方式持相对积极的态度。

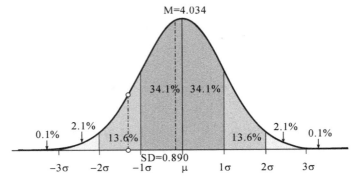

图 3.1 高职院校教师职业认同得分正态分布

高职院校教师职业认同在性别、学历和职称上均不存在显著差异。这一结果表明:性别、学历和职称对高职院校教师职业认同的影响不大。

高职院校教师的职业行为方式认同在职称上存在显著差异。职称越高,高职院校教师的职业行为方式认同水平越高。这一结果表明:随着职称的不断晋升,高职院校教师对其职业责任的履行和工作任务的完成所必需的行为的认同度不断提高,对有利于提高其工作效能的"应然"职业行为方式的认同度不断增强,最终促进高职院校教师的职业行为方式认同水平持续提升。[①]

高职院校教师的职业认同在月收入上存在显著差异,职业行为方式认同在月收入上存在极显著的差异。月收入越高,高职院校教师的职业认同水平和职业行为方式认同水平越高。这一结果表明:高职院校教师特有的工作特征决定了稳定和体面的收入是体现其职业价值的重要标准,也是高职院校教师获得和保持职业自尊感、忠诚感和归属感的必要条

---

① 方明军,毛晋平.我国大学教师职业认同现状的调查与分析[J].高等教育研究,2008(7):56-61.

件,能够促进高职院校教师表现出积极的职业态度和行为。①

四、结论与建议

研究表明,高职院校教师职业认同由自我角色认同、行为方式认同与外在角色认同三个二阶因子构成。总体而言,高职院校教师的职业认同水平较高,但尚存在提升空间。高职院校教师职业认同在性别、学历、职称上无显著差异,在月收入上存在显著差异。

本研究的建议如下:通过适当增加高职院校教师月收入的方式提升其职业认同水平。月收入≤5000元与月收入≥9001元的高职院校教师在职业认同水平上存在显著差异,月收入≤5000元与月收入5001～7000元、月收入7001～9000元、月收入≥9001元的高职院校教师在职业行为方式认同水平上存在显著差异。由此可见,高职院校教师的月收入存在一个关键节点,将收入较低的高职院校教师月收入水平提升至此节点,高职院校教师的行为方式认同水平将会整体改善和提升。随着高职院校教师行为方式认同水平的不断提升,他们将会更加积极地投身于教学、科研和社会服务活动。行为方式的改变自然会影响高职院校教师自我角色和外在角色的转变。在行为方式认同水平提升的基础之上,自我角色认同水平和外在角色认同水平也会相应提升,并最终实现高职院校教师职业认同水平的有效提升。

---

① 张宁俊,朱伏平,张斌.高校教师职业认同与组织认同关系及影响因素研究[J].教育发展研究,2013(21):53-59.

第四章   高职院校教师职业适应研究

第一节   高职院校教师职业适应的内涵与构成要素研究

事物的概念是事物内在规定的外在体现，应充分体现事物的本质特性。基于"属加种差"的定义方式，教师的职业适应应该是"适应＋职业＋教师"，应体现"适应"这一社会学（生物学）概念的内在规定，还应该体现"教师职业"这一专业的内在规定。

一、核心概念界定

（一）适应

最早在科学意义上使用"适应"概念的是生物学，后来逐渐被心理学、社会学、文化学等其他学科借用。《现代汉语词典》对"适应"的解释为"适合（客观条件或需要）：适应环境"[1]；对"适合"的解释为"符合（实际情况或客观要求）"[2]。《辞海》将"适应"解释为"生物在生存竞争中适合环境

---

[1]   中国社会科学院语言研究所词典编辑室. 现代汉语词典[M].7版.北京：商务印书馆,2016:1198.

[2]   中国社会科学院语言研究所词典编辑室. 现代汉语词典[M].7版.北京：商务印书馆,2016:1198.

条件而形成一定性状的现象。它是自然选择的结果"①,主要是指生物体对当前环境和现实的适应,有时也指对未来的适应。

在心理学上,"适应"一般是指个体调整自己的机体和心理状态,使之与环境条件的要求相符合。个体对环境的适应,一般分为积极主动的适应和消极被动的适应两种。"积极的心理适应性是对环境的变化持有积极灵活的态度,能够主动调整自身的身心,在现实生活环境中保持一种良好的有效的生存状态。"②消极的适应则是对环境的变化持一种观望的态度,不能积极主动地采取行动和措施,对变化感到无所适从,是一种不好的适应状态。心理学研究表明,当个体长期在某种环境中生活,并逐渐适应这一环境以后便形成一种思维方式和行为的固着化状态,当其转移到一个新环境时,便会出现一定的不适应,从而表现出一定的心理适应问题,影响自身的生活和工作效率。③

我国学者车文博在《当代西方心理学新词典》中将"适应"解释为:"(1)引进生物学的术语,指个体为求自身生存,而在生理机能和心理结构上的改变,即个体对环境的顺应。(2)指同一感受器中由于刺激物在时间上的持续作用,导致后来的刺激物感受性的变化,视觉、味觉、嗅觉、温觉等均有这种适应现象。适应可以引起感受性(或敏感度)的降低如明适应,也可引起感受性的提高如暗适应。(3)皮亚杰发生认识论术语。指主体对环境的作用(同化)与环境对主体的作用(顺应)的均衡。皮亚杰认为同化是将一定的刺激纳入主体已有的图式。当主体遇到不能以原先的图式来同化新的刺激情境时,便要对它加以修改或重构,以适应变化的环境。但只有当同化和顺应的交替发生处于一种均势时,才能保证主体与客体结构之间的互动作用达到某种相对稳定的适应状态。(4)社会心理学中则指随着社会的发展变化人的社会行为亦发生变化,如适应于一个新的社会环境。人对环境的适应能力也是心理教育、心理辅导和心理健康的一项重要内容。"④

---

① 辞海编辑委员会.辞海[M].缩印本.上海:上海辞书出版社,2010:1727.

② 樊富珉.社会现代化与人的心理适应[J].清华大学学报(哲学社会科学版),1996(4):45-50.

③ 陈会昌,胆增寿,陈建绩.青少年心理适应性量表(APAS)的编制及其初步常模[J].心理发展与教育,1995(3):28-32.

④ 车文博.当代西方心理学新词典[M].长春:吉林人民出版社,2001:348-349.

（二）职业适应

"职业适应"是由"职业"和"适应"构成的复合词，从字面上理解即为要求个体"适应职业的客观要求"。职业适应是一个社会心理学的概念，是社会适应的一个重要方面。我国学者对职业适应的内涵有着不同的解释。戴锐认为："职业适应，作为人的社会适应的一个重要方面，是指在积极的职业价值观指导与统率下所形成和维持的职业心态、职业能力、职业关系等与职业劳动及其环境之间的和谐状态。"[①]冀斌认为："职业适应是指人在职业活动中对工作提出各种问题时的一系列心理过程。主要是指个体对工作环境、工作任务、工作活动适应以及对自身行为和新的工作需要的适应。"[②]方俐洛、凌文辁、刘大维认为："职业适应是指个人与某一特定的职业环境进行互动、调整以达到和谐的过程。"[③]郭平认为："职业适应是指个体在职业认知和职业实践的基础上，不断调整和改善自己的观念、态度、习惯、行为和智能结构，以适应职业生活的发展和变化。"[④]从以上解释可以看出，职业适应是一个较为复杂的概念，既是个体与职业间保持和谐的一种状态，也是为达到职业要求而不断调整、互动的过程。本研究认为，职业适应是掌握职业技能、内化职业规范，并按要求熟练履行职业职责，实现职业不断发展的过程。这里的职业主要是指专业性职业，即一般所说的专业。职业适应是个体内化职业规范、掌握职业技能，并在实践中顺利地履行职业职责的过程。履行职业职责是由不熟练到熟练的过程。从广义上讲，职业适应应该包括从进入学校学习到入职，到发展成为一个成熟的专业人员的过程，与职业发展、专业发展同义；从狭义上讲，职业适应只是指入职和职业岗位转换后适应新岗位的过程。

（三）教师的职业适应

国内研究者对教师职业适应有着不同的定义。陈时见认为："教师的适应性，可以理解为是实施教育主体的教师，适时主动地调整教学模式、

---

① 戴锐.新教师职业适应不良及其防范[J].教育探索,2002(4):95-97.

② 冀斌.人格发展的模式与职业适应的人格心理分析[J].宁夏大学学报(社会科学版),1997(1):120-122.

③ 方俐洛,凌文辁,刘大维.职业心理与成功求职[M].北京:机械工业出版社,2001:31-42.

④ 郭平.当代青年的职业适应[J].中国青年研究,2006(7):78-80.

培养目标和教育教学方式等，以适应外部条件和客观需要所要达到的程度。"①金美玲认为："教职适应指教师在教职生活中面临不同困难时，为解决其困难所付出的努力及通过教职生活所达到的学校及社会期待的程度。"②冯健榕认为新教师的职业适应是指进入教师队伍的新入职教师，运用在大学中所掌握的理论知识和技能，迅速适应教育教学工作和新的环境及人际关系，实现由学生角色向教师角色转变的过程③。余燕黎将新教师的职业适应看作"在专业实践上从一个准教师转化为一个合格的教师的过程"④。有研究认为，作为教育学意义上的"适应"，其含义是指教育主体根据未来的要求，主动做出调整，使之符合外部条件变化的要求。教师的适应性作为一个特定的概念，其内涵可以理解为是实施教育主体的教师，根据未来社会对人才素质的要求和教育改革发展的趋向，适时主动地调整教学模式、培养目标和教育教学方式等，以适应外部条件和客观需要所达到的程度。教师具有较强的适应能力，是教育改革取得成功的前提和条件。⑤

从国内各研究者对教师职业适应内涵的表述可以看出，有的研究者将教师职业适应视为一种适应的状态，即适应职业的程度；有的则将"其视为一种适应的过程"。本研究认为，教师职业适应是指教师运用自身的知识、能力，使自己的角色、行为符合教师的职业要求和规范，并不断调整自己与职业及职业环境进行互动以达到和谐的过程及结果。它是一个动态持续发展的过程，贯穿整个教师职业生涯阶段。教师职业适应水平则是教师在某一时点上职业适应的程度。

二、国内关于高职院校教师职业适应的研究现状和趋势

本研究借鉴车文博对职业适应的界定，"个人自身的条件在多大程度上符合职业劳动的要求，也就是个体与职业环境的顺应程度。职业适应性的发展是多方面的，主要有职业规范、职业技术、工作环境、职业群体中

①　陈时见.学校教育变革与教师适应性研究[M].北京：商务印书馆，2006：127.

②　金美玲.延边地区初中初任教师教职适应研究[D].延吉：延边大学，2008.

③　冯健榕.高中新教师职业适应性的现状研究[D].上海：华东师范大学，2008.

④　余燕黎.重庆主城初中英语新教师职业适应的研究[D].重庆：重庆师范大学，2010.

⑤　陈时见.学校教育变革与教师适应性研究[M].北京：商务印书馆，2006：130.

人际关系(包括干群关系)等方面的适应"①,将高职院校教师职业适应界定为"高职院校教师符合职业要求的程度,与学校环境的良好调适状态,即个体能够感觉良好地履行和完成学校环境和教师角色所赋予的各项任务。包括职业规范适应、工作内容胜任(教学、科研、社会服务)、工作环境适应和人际关系适应等要素"。后续的调查研究也将围绕以上四个要素展开。

(一)关于教师职业适应内涵的研究

研究者多是在对"适应""职业""职业适应"内涵分析的基础上对"教师职业适应"的内涵进行界定的,主要观点可以分为"过程说"和"过程—结果说"两种。

"过程说"认为,教师职业适应是动态发展的过程,又可以分为"互动—和谐过程说"和"角色转换过程说"。前者认为职业适应是教师个体与教师职业要求互动以达到和谐的过程②,后者认为职业适应是新入职教师由学生角色向教师角色转变的过程③④⑤。"过程—结果说"认为,职业适应是教师自身与职业及职业环境进行互动以达到和谐的过程和结果,职业适应贯穿整个教师职业生涯阶段。⑥⑦ "过程说"和"过程—结果说"并没有本质区别,只是前者更加强调教师与职业要求和环境的互动过程,后者在强调互动过程的同时,也关注了职业适应的结果,并用"职业适应水平"的概念通过量化的方式表述出来。为了量化表达教师职业适应的程度,研究者提出了"职业适应水平"的概念,认为职业适应性或职业适应水平是教师在工作过程中适应外部条件和客观需要所达到的程度,或

① 车文博.心理咨询大百科全书[M].杭州:浙江科学技术出版社,2001:556.
② 郭娜.初任小学美术教师入职适应现状调查与影响因素研究[D].南京:南京师范大学,2011.
③ 钱懿琦.初任教师入职适应特点及其影响因素研究[D].上海:华东师范大学,2009.
④ 冯健榕.高中新教师职业适应性的现状研究[D].上海:华东师范大学,2008.
⑤ 余燕黎.重庆主城初中英语新教师职业适应的研究[D].重庆:重庆师范大学,2010.
⑥ 钱懿琦.初任教师入职适应特点及其影响因素研究[D].上海:华东师范大学,2009.
⑦ 张睿.中小学新教师职业适应的影响因素研究[D].重庆:西南大学,2009.

某一时点上职业适应的程度,并编制了教师职业适应问卷对幼儿园、小学、中学及中职教师进行调查。

（二）关于教师职业适应构成要素的研究

不同研究者对教师职业适应构成要素的划分差异较大,代表性的观点包括:(1)"三要素说",包括职业技能适应、职业人际适应、职业心理适应。① (2)"四要素说",包括职业角色适应、职业能力适应、职业人际适应、职业心理适应,或教育对象适应、知识适应、技能适应、心理适应。②③ (3)"五要素说",包括教师的职业认同、教师职业技能适应、教师职业心理的适应、教师的职业人际适应、任职学校文化适应。④ 不同的因素划分体现了研究者对职业适应概念内涵的理解不同,这些在后续的研究中会体现出来。已有研究的优点在于体现了教师职业的特点,不足在于各要素之间存在着交叉。

（三）关于教师职业适应影响因素的研究

从研究思路上看,关于教师职业适应影响因素的研究可以分为用二维划分法分析和用三维划分法分析。二维划分法包括从先天因素和后致因素、自身因素和环境因素、宏观教育政策和微观学校制度、职前教育和职后工作环境等角度分析。三维划分法包括从个性特征因素、思想方法因素、心理准备状态因素方面进行分析,或从内在主观因素、外在客观因素以及内外部因素间的矛盾等方面去分析,也有研究者从社会环境、学校环境、自身成长环境三个方面去分析。综合起来,影响教师职业适应具体的因素涉及知识结构、能力、学历、学校文化、领导的重视程度、职前教育、职后培训、心理素质、家庭影响、朋友参照等各个方面。

（四）关于提高教师职业适应水平的对策研究

对策研究与教师职业适应的构成要素、问题表现及影响因素的研究相对应,研究者所提的对策可以分为:(1)给教师自身的建议。如要有合

---

① 张睿.中小学新教师职业适应的影响因素研究[D].重庆:西南大学,2009.

② 崔新玲.农村幼儿园转岗教师职业适应研究[D].西安:陕西师范大学,2012.

③ 钱懿琦.初任教师入职适应特点及其影响因素研究[D].上海:华东师范大学,2009.

④ 郭娜.初任小学美术教师入职适应现状调查与影响因素研究[D].南京:南京师范大学,2011.

理的角色认知，完善专业知识和技能，实现专业发展，建立良好的人际关系等。（2）给教师任职学校的建议。如减少新任教师的事务性工作，强化新任教师的入职教育，完善"师徒帮带"制度，加强入职指导，营造开放的学校氛围和创造自然合作的教师文化等。（3）给职前教育即师范院校教育的建议。如师范教育应重新修正培养目标，锻炼师范生的社会交往能力，培养其处理人际关系的技能技巧，加强教师职业道德的教育等。

　　总体来看，目前关于新任教师职业适应的研究已经有一定的成果，这为后续的研究奠定了较好的基础。但现有研究也存在着不足：对新任教师的界定为全部应届毕业的新入职教师，尚无对在不同院校类型间的流动教师及从其他行业引进教师的职业适应研究。研究多从教育学的视角展开，缺少学科交叉的多视角研究。在研究方法上，国内研究多为问卷调查加定性分析，缺少教师职业适应的个案研究及院校提高教师职业适应策略的案例研究。相关对策主要是针对具体问题从教育管理的角度提出的个别性建议，很少有研究从组织支持的角度探讨提高教师职业适应性的系统性策略。研究对象主要集中于幼儿园教师和中小学教师，关于高职院校教师职业适应的研究较少。

第二节　高职院校教师职业适应量表的编制

一、初始量表的编制

　　通过上节文献梳理可以发现，目前学界对于教师职业适应的内涵和外延指标并没有共识。研究者多是根据自己对"适应"及教师职业内容的理解而关注教师职业适应的主要方面。但总体而言，教师工作的内容，即教学活动、学生管理、人际关系、工作环境等要素在研究中均受到关注，是各研究中教师职业适应量表的重要方面。基于车文博对职业适应性的定义，"个人自身的条件在多大程度上符合职业劳动的要求，也就是个体与职业环境的顺应程度。自身条件包括生理条件和心理条件两个方面。一个人的职业适应性只有在他的职业实践中才会成为现实，才能得到发展和印证。职业适应性的发展是多方面的，主要有职业规范、职业技术、工作环境、职业群体中人际关系(包括干群关系)等方面的适应"①,本研究认为,教师职业适应指教师与学校环境的良好调适状态,即教师能够感觉良好地履行和完成学校环境和教师角色所赋予的各项任务。教师的职业适应包括外部视角和内部视角两个方面:外部视角主要指学校对教师工作的要求,教师对学校规范、任务的遵从和履行情况;内部视角主要指教师在履行规范、完成工作时的内心感受。因此,高职院校教师职业适应体现为教师能较好地胜任本职工作,并在此基础上,对人际关系、工作环境及职业规范要求的适应。胜任本职工作是高职院校教师职业适应的核心和基础,人际适应、环境适应及职业规范适应可以进一步促进教师更好地提升职业适应的整体水平。高职院校教师本职工作应包括教学、科研以及社会服务等各个方面。基于高职院校与产业发展、企业生产存在着紧密联系的发展现实,高职院校的社会服务主要体现为企业实践。

　　基于上述内涵和构成要素的分析,本研究对 10 名高职院校教师进行了访谈,分别记录了他们对工作胜任、职业规范、人际关系以及工作环境适应的描述,根据描述完成初始问题设计。之后,分别请台湾高雄师范大学教授、宁波职业技术学院职业教育研究教授以及 4 名职业教育研究博士、3 名专业研究人员对题目进行逐个讨论、完善,最终形成由 21 个题目构成的初始量表(见表 4.1)。

表 4.1　高职院校教师职业适应初始量表

职业适应构成要素	题项
学校工作适应	我在准备教学时觉得焦虑
	我在课堂教学过程中经常情绪很好
	我觉得学校关于教学的规定太严格
	我认为教师必须参加企业实践
	去企业实践时我情绪好
	我能轻松完成科研任务
	想起要发表科研成果我就焦虑
	我认为社会服务是教师合理的工作内容
	社会服务任务让我觉得情绪低落

① 车文博.心理咨询大百科全书[M].杭州:浙江科学技术出版社,2001:556.

续表

职业适应构成要素	题项
职业规范适应	我觉得教师的职业约束多
	我觉得学校的管理制度很严格
人际关系适应	我与领导沟通时情绪紧张
	我与同事关系融洽
	我经常参与所在团队的各项活动
	我与学生关系融洽
	学生的问题给我带来很多困扰
	与学生交流是一件愉快的事情
工作环境适应	我喜欢现在的工作状态
	我喜欢单位的工作氛围
	我有详细的职业发展规划
	我对未来职业发展充满信心

二、初始量表试测与修订

考虑到本研究的对象为宁波市 6 所高职院校教师,因此量表的试测也选择这 6 所高职院校的教师作为样本。研究人员在宁波市 6 所高职院校共发放试测问卷 200 份,回收 174 份,回收率为 87.0%。有效问卷 162份,有效率为 93.1%。

(一)量表的项目分析和探索性因素分析

研究运用 SPSS 19.0 软件,采用临界比法对量表进行项目分析后显示,t 值均达显著,试测量表 21 个题项均具有鉴别度。采用主成分分析法和方差最大正交旋转法,选取因素负荷量大于 0.5 的题项,限定 4 项因素进行探索性因素分析。经多次探索分析,反映课堂教学的"我在课堂教学过程中经常情绪很好"、反映人际关系的"我与领导沟通时情绪紧张"和"同事间的竞争让我紧张"等 3 个题项因素负荷量小于 0.5 而被删除。体现教师职业规范与学校管理制度的题项"我觉得教师的职业约束多""我觉得学校的管理制度严格"与体现教学、科研等学校工作的题项并入同一因素;体现社会服务因素的题项被单独作为一个因素呈现;体现人际关系适应、工作环境适应因素的题项未改变。研究对题项进行重新组合设计，得出"学校工作适应""社会服务适应""人际关系适应""工作环境适应"四个因素（见图4.1）。各因素及其包含题项见表4.2。

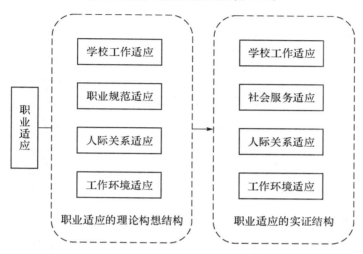

图 4.1　高职院校教师职业适应的理论构想结构与实证结构

表 4.2　高职院校教师职业适应构成因素及题项

职业适应构成因素	题项
学校工作适应	我在准备教学时觉得焦虑
	撰写论文使我头痛
	我觉得教师的职业约束多
	科研任务让我觉得紧张
	我觉得学校的管理制度严格
	学生管理给我带来困扰
社会服务适应	去企业实践时我情绪好
	我认为教师必须参加企业实践
	我认为社会服务是教师合理的工作内容
	参加社会服务时我觉得轻松

续表

职业适应构成因素	题项
人际关系适应	我与学生关系融洽
	我觉得与学生交流是一件愉快的事情
	我与同事关系融洽
	我经常参与所在团队的各项活动
工作环境适应	我喜欢现在的工作状态
	我对未来职业发展有信心
	我有详细的职业发展规划
	我喜欢单位的工作氛围

(二)量表信度、效度检验

信度检验是对量表测量结果可靠性与稳定性的分析,包含内部信度和外部信度。根据研究主题和设计,此处主要采用克朗巴哈系数法检验量表的内部信度。自编《高职院校教师职业适应量表》的 KMO 值为 0.749,巴特利特球形检验达到统计显著的水准;克朗巴哈系数为 0.864,各因素的克朗巴哈系数在 0.776～0.856,量表具有良好的信度(见表 4.3)。

表 4.3 信度检验结果

	职业适应	学校工作适应	社会服务适应	人际关系适应	工作环境适应
α	0.864	0.856	0.794	0.776	0.833

效度检验是对量表能够准确测出所需测量事物程度的分析,包含内容效度(content validity)和结构效度(construct validity)。此处主要采用相关分析的方法计算量表与各因素之间、量表各因素之间的相关程度,据此检测量表的结构效度。自编《高职院校教师职业适应调查量表》与各因素之间都呈显著相关,其相关系数在 0.763～0.867;量表各因素之间也都呈显著相关,其相关系数在 0.521～0.554,相关程度为中等。量表与各因素之间的相关系数高于量表各因素之间的相关系数,各因素之间具有相对的独立性,且能反映量表测查的内容,量表具有较好的结构效度。"学校工作适应""社会服务适应""人际关系适应""工作环境适应"四个因

素可以有效反映高职院校教师职业适应的基本内涵；自编量表可以有效反映教师职业适应的基本情况。

第三节　宁波高职院校教师职业适应的实证研究[①]

一、研究目的

一是测量高职院校教师职业适应的整体水平。

二是比较不同学历、职称、周课时量教师职业适应的差异。

二、研究设计

(一)研究对象

本研究以宁波地区 6 所高职院校的专任教师为研究母群，采用立意抽样的方法选择样本。其中，4 所院校每所抽取样本教师 80 名，2 所院校每所抽取样本教师 90 名，合计样本教师 500 名。

(二)研究工具

自编《高职院校教师职业适应调查量表》，包括学校工作适应、工作环境适应、社会服务适应以及人际关系适应等 4 项因素，涵盖 18 个题项。量表编制过程及信、效度检验见上节。

问卷同时附列性别、学历、职称、周课时量等基本资料，以搜集样本教师的背景数据。问卷采用李克特 5 级量表进行计分，选项从"非常同意"到"非常不同意"。选"非常同意"计 5 分，依次递减，选"非常不同意"计 1 分。

(三)资料搜集

本研究于 2016 年 4 月上旬将问卷邮寄至样本院校，委托一位负责教师，分别随机选择人文社会学科和自然学科院系发放问卷，其中人文社会学科院系和自然学科院系各占 50%。教师填答后，由该负责教师收集并寄回研究小组。共回收问卷 441 份，回收率为 88.20%。经筛选后，获得

---

① 参见王琪,韩利红,张振.高职院校教师职业适应:结构模型与实施特征[J].教育与职业,2018(13):84-89.

有效问卷 325 份,有效率为 73.69%。详细的问卷发放、回收及有效数量统计见表 4.4。调查对象基本情况见表 4.5。

表 4.4 职业适应调查问卷发放、回收、有效数量及其比率

项目	发放问卷		回收问卷		有效问卷	
	数量	占比/%	数量	占比/%	数量	占比/%
院校 1	80	16.00	74	14.80	54	12.24
院校 2	90	18.00	82	16.40	52	11.79
院校 3	90	18.00	74	14.80	57	12.93
院校 4	80	16.00	72	14.40	54	12.24
院校 5	80	16.00	76	15.20	53	12.02
院校 6	80	16.00	63	12.60	55	12.47
合计	500	100.00	441	88.20	325	73.69

表 4.5 调查对象基本情况

变量	水平	人数	占比/%
性别	男	141	43.39
	女	184	56.61
学历	本科及以下	129	39.70
	研究生	196	60.30
职称	初级或无职称	54	16.62
	中级职称	169	52.00
	高级职称	102	31.38
周课时量	8 节及以下	70	21.54
	9～16 节	198	60.93
	17 节及以上	57	17.53

（四）资料处理

针对问卷调查取得的资料,本研究首先采用频次和百分比率说明样本教师的背景。其次,采用平均数、标准差等描述统计方法进行统计分析,说明样本教师职业适应的集中与离散情形。同时,鉴于不同学历、学

科、周工作量、岗位的教师职业适应具有对照、比较的参考价值,所以本研究运用独立样本 t 检验、单因子变异数分析及薛费事后检验(Scheffe's method)等统计方法,检验按调查结果推论的高职院校教师职业适应的程度是否因为学历、学科、周课时量等因素的不同而有差异。

三、研究发现

(一)高职院校教师职业适应的总体情况

样本教师职业适应的平均得分为 3.37,在职业适应的各因素中,得分高低依次是人际关系适应($M=4.14$,SD$=0.76$)、社会服务适应($M=3.64$,SD$=1.00$)、工作环境适应($M=3.58$,SD$=0.90$)、学校工作适应($M=2.55$,SD$=1.08$)(见表 4.6)。样本教师在人际关系适应、工作环境适应因素均得分较高,反映了样本院校内教师人际关系较为和谐,教师对工作环境相对比较满意。

表 4.6　样本教师职业适应及其因素的平均数、标准差和 t 检验

	男 $N=141$		女 $N=184$		合计 $N=325$		t 值
	M	SD	M	SD	M	SD	
职业适应	3.41	1.18	3.35	1.11	3.37	1.14	1.215
学校工作适应	2.57	1.10	2.53	1.05	2.55	1.08	0.488
工作环境适应	3.63	0.77	3.54	0.84	3.58	0.90	1.066
人际关系适应	4.19	0.77	4.11	0.75	4.14	0.76	1.170
社会服务适应	3.66	0.75	3.62	0.96	3.64	1.00	0.425

(二)不同学历教师职业适应情况

教师职业适应及其各因素得分均随着学历的提升而提高。t 检验显示,不同学历层次教师的职业适应及人际关系适应、社会服务适应等因素存在着显著差异($p<0.05$),学校工作适应和工作环境适应因素不存在显著差异(见表 4.7)。

表 4.7　不同学历教师职业适应及其因素的平均数、标准差和 t 检验

	本科及以下 N＝129		硕士研究生及以上 N＝196		t 值
	M	SD	M	SD	
职业适应	3.29	1.12	3.43	1.15	－3.141**
学校工作适应	2.54	1.08	2.56	1.08	－0.190
工作环境适应	3.49	0.88	3.64	0.91	－1.882
人际关系适应	4.05	0.85	4.21	0.69	－2.374
社会服务适应	3.44	0.98	3.77	0.99	－3.785***

注:** 表示 $p<0.01$,*** 表示 $p<0.001$。

(三)不同职称教师职业适应情况

整体来看,不同职称教师职业适应不存在显著差异。但中级职称教师在职业适应总体得分、学校工作适应和社会服务适应因素得分均低于初级和无职称教师以及高级职称教师。单因素方差分析及事后检验发现,初级和无职称教师与中级职称教师在学校工作适应上存在着显著差异($p<0.05$)(见表 4.8)。

表 4.8　不同职称教师职业适应及其因素的平均数、标准差和变异数分析

	初级和无职称 N＝54		中级职称 N＝169		高级职称 N＝102		F 值	Scheffe
	M	SD	M	SD	M	SD		
职业适应	3.44	1.15	3.34	1.15	3.39	1.11	1.417	
学校工作适应	2.78	1.13	2.45	1.07	2.59	1.05	5.879**	A＞B
工作环境适应	3.67	0.97	3.57	0.90	3.54	0.87	0.579	
人际关系适应	4.02	0.94	4.17	0.72	4.18	0.72	1.523	
社会服务适应	3.63	1.08	3.62	0.99	3.67	0.98	0.100	

注:** 表示 $p<0.01$;A＝初级和无职称,B＝中级职称。

(四)不同周课时量教师职业适应情况

样本教师职业适应得分随课时量的增加而降低,各组得分分别为 8 节及以下($M＝3.36$,SD＝1.13)、9～16 节($M＝3.33$,SD＝1.22)、17 节及以上($M＝3.44$,SD＝1.10)。通过单因素方差分析及事后检验发现,

不同周课时量样本教师的职业适应及工作环境适应、人际关系适应、社会服务适应等因素并无显著差异。但在学校工作适应因素上，周课时量17节及以上教师得分低于周课时量9～16节和8节及以下教师，并均存在显著差异（$p<0.05$）（见表4.9）。

表4.9　不同周课时量教师职业适应的平均数、标准差和变异数分析

	8节及以下 N=70		9～16节 N=198		17节及以上 N=57		F 值	Scheffe
	M	SD	M	SD	M	SD		
职业适应	3.36	1.13	3.33	1.22	3.44	1.10	1.315	
学校工作适应	2.57	1.07	2.33	1.09	2.68	1.05	4.914**	A>C, B>C
工作环境适应	3.58	0.90	3.53	0.92	2.68	1.05	0.243	
人际关系适应	4.15	0.74	4.18	0.74	4.09	0.83	0.510	
社会服务适应	3.56	1.00	3.77	1.02	3.76	0.96	2.876	

注：** 表示 $p<0.01$；A=8节及以下，B=9～16节，C=17节及以上。

四、讨论

（一）教师职业适应水平整体尚好，学校工作适应有较大提升空间

教师职业适应得分略高于5级量表的中数（3.0），整体水平尚好。在职业适应各因素中，包含教学和科研题项的学校工作适应因素得分最低（$M=2.55$，$SD=1.08$），涉及科研工作题项的得分更低，显示教师在完成日常教学和科研工作过程中面临较多不适。这与已有研究的"双师型"教师教学能力不足、无法及时学习或获得一线生产领域的新知识、需要提升理论水平和实践能力等结论相吻合。[1]随着高职教育进入内涵发展阶段，各院校正不断深化教学改革，对教师的教学、科研等各项日常工作均提出了较高的要求，院校对教师的日常管理也趋于规范。如《浙江省高校课堂教学创新行动计划（2014—2016年）》要求院校要强化课程建设质量、创新课堂教学方式、完善课堂教学制度、严格课堂教学管理、改革完善教学评价等。与之相应，6所样本院校均在不同程度地推行教学改革，而这些

---

① 蔡怡，张义平，宋现山. 高职院校"双师型"教师队伍建设的困境与对策——基于江苏高职院校师资发展的现实考察[J]. 国家教育行政学院学报，2011(6)：29-32.

改革最终都需要教师去执行、落实，并要以新的、更高的标准去完成，教师需要不断努力以适应新的要求和标准，这可能是造成教师关于教学方面适应得分较低的原因之一。

科研一直是高职院校教师发展的弱项，能够在核心期刊上发表论文和成功申请到高级别研究课题教师的比例较低。在中国知网学术期刊数据库选取 2013—2015 年三年时间，文献来源类别选取"核心期刊"和"CSSCI"，分别以 6 所样本院校为单位进行检索，结果如表 4.10。可以看出，5 所样本院校年均在核心期刊上的发文总量在 20～30 篇，1 所样本院校约 10 篇。样本院校的平均专任教师人数在 300 名以上，即每年不到 10% 的专任教师能够在核心期刊上发表论文。应用技术发明、各种专利能够在一定程度上反映教师的行业实践能力和技术应用及研发能力，更能反映教师在专业技术领域发展的高度和深度。在中国知网专利数据库中分别以 6 所院校为申请人搜索发明、外观设计和实用新型三种专利发现，院校间专利总量差异较大，但整体较少，5 所院校人均三年不足 1 项（见表 4.11）。科研能力不足也是造成学校工作适应较低的重要原因。

表 4.10 样本院校 2013—2015 年间中文核心期刊、CSSCI 期刊发表论文量

项目	院校 1	院校 2	院校 3	院校 4	院校 5	院校 6
发表论文量/篇	88	87	32	64	75	73

数据来源：中国知网学术期刊数据库

表 4.11 样本院校 2013—2015 年间专利申请总量

学校	发明专利	实用新型	外观设计	合计
院校 1	85	181	61	327
院校 2	15	27	91	133
院校 3	41	129	26	196
院校 4	4	51	0	55
院校 5	71	739	104	914
院校 6	71	32	0	103

数据来源：中国知网专利数据库

（二）硕士研究生及以上学历教师社会服务适应状况更好

硕士研究生及以上学历教师的社会服务适应得分（$M = 3.77$，SD =

0.99)高于本科及以下学历教师($M=3.44$,$SD=0.98$),且二者存在着显著差异($p<0.05$)。高职院校的社会服务主要体现为解决企业技术问题与提供社会培训,这两项工作均是以教师的应用研究或实践操作能力为基础的。一般而言,拥有硕士研究生及以上学历的教师群体比本科及以下学历的教师群体对专业知识的掌握更加全面,受过更加严格的科研训练,应用研究能力更强,也能够更好地与企业及社会建立起良好的互动关系,更容易适应解决企业技术问题与提供社会培训等社会服务工作。

访谈发现,社会服务能力弱、参与社会服务意愿不强甚至存在抵触意识,是影响本科及以下学历教师社会服务适应的重要原因。部分教师将社会服务视为工作负担,个人不愿意或无法寻找合适的企业或实践单位。特别是因个人能力不足而无法参与企业问题解决时,所谓社会服务也就变成了去企业盖章交差了事,教师社会服务能力也就陷入了无法提升的恶性循环。

(三)中级职称教师职业适应水平需要进一步提升

就教师职称而言,中级职称教师职业适应得分最低,且与初级及无职称教师在学校工作适应方面存在显著差异。访谈发现,这并不是随着职称的提升教师工作能力下降,而是随着任职时间增加和专业能力不断提升,中级职称教师群体逐渐被赋予更多职责,在日常工作中承担的工作量更大、任务更重。过多的工作任务会使部分中级职称教师疲于应付,工作压力增大,职业适应水平降低。

与已有研究结论相似,访谈中还发现,中级职称阶段是高职院校教师群体发展分化的重要时期,他们在高职院校这一"场域"内努力争取文化资本、社会资本和经济资本,以"增加自己的资本总量并改变自己的位置"[1],面临的职称晋升、岗位晋升的压力更大。部分教师由于较好地把握了发展机遇,快速成长为团队骨干,个别优秀中级职称教师已成长为专业主任或中层领导,负责专业建设或独立开展工作,教学、科研等各项工作均能有条不紊地开展,并在不断积累晋升高级职称所需软硬件条件。也有相当部分的中级职称教师面临职称或岗位晋升的压力,甚至已出现

---

① 张俊超.大学场域的游离部落——研究型大学青年教师发展现状及应对策略[D].武汉:华中科技大学,2008.

了职业发展的"职级高原"或"层级高原"现象。[①]

（四）教师职业适应水平随着课时量的增加而降低

课时量的增加，意味着教师在单位时间内需要处理更多的教学事务，用于处理其他事务特别是科研的时间必然减少。不同周课时量教师在"撰写科研论文""申请科研课题"等题项上存在着显著差异（$p < 0.05$）。访谈发现，同时承担多门课程且课时量超过 16 节的教师用于科研与社会服务的时间大量减少，个别教师已处于应付授课的状态。过多的课时量不仅影响了其他工作，也降低了课堂教学质量。16 节是否应该是高职院校教师最大周课时量的临界值还需要进一步探讨。

五、结论与建议

本研究运用自编的《高职院校教师职业适应调查量表》对宁波市 6 所高职院校教师进行了调查研究。研究发现，高职院校教师职业适应总体水平还需要进一步提升；在职业适应各要素中，工作适应情况得分最低；教师职业适应得分随着学历水平的提升而提高，随着周课时量的增加而降低；中级职称教师职业适应得分最低。院校需要采取措施进一步提高教师的职业适应水平，特别需要加强和提升教师的教学和科研能力；重视对本科及以下学历以及中级职称教师的帮助和辅导，适当降低周课时量在 17 节及以上教师的工作量，以提高专任教师职业适应水平。

（一）院校需要更加重视教师教学和科研能力的提升

当前各院校已全面推进"十三五"建设，各校规划也都列出了一系列关于管理体制、专业建设、教学改革等方面的发展目标和措施。院校改革和工作的推进需要以教师的专业能力为基础，教师适应并融入到改革行动中去，是改革目标顺利实现的重要保障。因此，院校在不断创新发展思路、积极推进改革的同时，需要加强教师培训。一方面，要让教师切实了解和认同院校改革发展的目标和措施；另一方面，要切实提高教师的专业能力，提升教师对改革的适应水平。科学研究是高职教育体现"高等性"的重要因素，提升教师科研能力和水平是高职院校提高人才培养质量的重要支撑条件，这在内涵发展阶段尤为重要。院校需要通过搭建科研平

---

① 寇冬泉.教师职业生涯高原：结构、特点及其与工作效果的关系[D].重庆：西南大学，2008.

台,组建科研团队,引导教师真正参与企业生产和技术研发的实践过程,扩大教师参与企业技术研究的深度等多种途径提升教师科研能力。

(二)加强教师社会服务的平台建设和过程管理

社会服务是高等教育的重要功能,也是高职院校体现地方性办学的重要属性。社会服务不仅需要教师具备相应的能力,也需要院校搭建相应的平台,为教师的服务实践提供支持和保障。因此,院校一方面需要搭建企业实践及社会培训平台,更进一步加强对本科及以下学历教师的帮扶,提升他们的社会服务能力;另一方面,需要加强社会服务的过程管理和考核,将社会服务作为教师晋升和发展的必要条件,引导教师积极参与到社会服务实践中去。

(三)加强对中级职称教师的全面指导和帮扶

对于院校而言,中级职称教师是院校发展的青年骨干力量。对于教师而言,中级职称也是个体成长的重要阶段。因此,院校需要重视中级职称教师工作与发展之间的平衡,在赋予其工作任务的同时,加强对其的专业指导。首先,建立针对中级职称教师的帮扶和指导制度。院校可以通过建立"成长导师"制度等途径,为中级职称教师配备高级职称指导教师,通过"传帮带"的方式帮助中级职称教师提升教学、科研和社会服务能力。其次,加强业务培训。针对中级职称教师专业发展存在的问题,建立校院二级的培训制度,分别开展学科领域和教学领域能力提升的专题培训。最后,加强教师队伍团队和梯队建设,引导中级职称教师分层、分类发展,让每位中级职称教师都有明确的发展目标和发展重点,降低"高原现象"对职业发展的负面影响。

(四)引导教师在教学、科研和社会服务等工作方面取得合理的平衡

教学是高职院校教师工作的核心,科研和社会服务犹如"两翼",可以有效促进教学水平的提升。无疑,过多的教学工作量会影响教师投入到科研和社会服务中的时间,影响教师的专业发展,从长远看,也不利于教学质量的提升。因此,高职院校需要根据人才培养的需求,认真核定教师工作量,尽可能将教师的周教学课时量设定在16节以下;同时,通过建立合理的考核机制引导教师在教学、科研和社会服务之间平衡分配时间和精力,促进教师教学、科研和社会服务能力全面提升。

第五章　高职院校教师职业压力研究

　　结合国内外关于教师职业压力的研究，对宁波高职院校教师职业压力进行理论研究，在此基础上根据高职院校专任教师的特殊性，从教师职业环境、职业内容、工作负荷、人际关系及自我发展等五个维度提出高职院校专任教师职业压力的假设模型，然后编制《高职院校教师职业压力量表》对宁波高职院校教师职业压力开展实证研究。以宁波市高职院校教师为测试对象，对模型进行了实证检验。同时，用量表数据对宁波市高职院校教师职业压力的状态进行了分析。研究形成三个结论：（1）高职院校教师职业压力由工作负荷与自我发展压力、科研压力、人际关系压力、学生行为压力和管理环境压力等五个因子构成；（2）高职院校教师存在不同程度职业压力，压力主要源于科研压力和管理环境压力；（3）高职院校教师职业压力的科研压力因子分别在教龄、学历、职称和周课时量等自变项上存在显著差异。

第一节　高职院校教师职业压力的理论研究

一、高职院校教师职业压力研究的背景与目的

　　自剑桥大学的基里亚科、萨克利夫提出教师职业压力概念后，教师压力的研究就逐步成为世界性的研究课题。1995 年，戴维德、伊达因指出，

在过去的十年中,教师压力(teacher stress)是许多国家研究的热门话题。[①] 教师的职业压力强弱,会直接投射到教师职业信念、职业态度及职业行为中。教师长期职业压力过大,会损害其身心健康,降低职业幸福感,并带来一系列的职业问题。国外的调查表明,教师职业所带来的公众压力多于其他行业。"Natrass 认为压力是教师产生心理问题的第一因素;Dunham 发现今天的教师正经历着比以往更多和更严重的压力;Traver 和 Cooper 发现教师的压力水平比普通人群高;荷兰调查发现教师认为他们的工作量比工人还大;美国学者迈纳(Miner)和布鲁尔(Brewer)、英国学者哈格里斯(Hargreaves)分别指出长期的职业压力会造成情绪失常和情感疲倦;Hanson、Hargreave 研究表明,教师职业紧张有逐渐增加的趋势;加拿大生理学家 Selye 研究指出个体除了对某种特定压力来源有所反应外(如机体遇到寒冷会出现血管收缩),长期性的高度压力会使机体产生一种非特异性生理反应等。"[②]因此,对教师压力的国际性关注有一个共识,即教师压力不但会给教师自身带来消极影响,而且还会影响到他们的学生,影响到整个教育事业。[③] 缓解教师职业压力,提升教师职业认同,提高教师身心健康等已然成为国内外教育领域或社会关注的话题。近年来,高等职业教育的跨越式发展及内涵式提升,为高职院校教师提供了广阔的发展空间,但同时也带来了巨大挑战与压力。教师不仅承载着高职院校的未来,承载着高职学生的希望,同时也担负着社会责任,因而职业压力较大成为高职院校教师较为普遍的职业状态。有调查显示,山东省高职院校 46.6% 的教师认为自己的职业压力很大或压力太大,而认为自己没有压力或只有轻度压力的高职院校教师仅占被试总数的 12.4%。388 名被试教师的总体压力感均值是 3.40,处于压力一般和压力很大之间,总体压力感较重。[④] 教师职业压力程度愈大,在教育或教学的诸多活动中表现出的消极心理或生理反应与情感体验就愈强

① SPIELBERGER C D, REHEISER E C. Measuring occupational stress, the job stress survey[M]// CARNDALL R, PERREWE P L. Occupational stress: a handbook. Abingdon UK: Taylor and Francis Group,1995.

② 陈良民.当前大学教师面临的职业压力与调适[J].职业时空,2007(22):9.

③ 赵立芹.教师压力成因分析[J].外国教育研究,2004(2):38-40.

④ 勇健.山东省高职学校教师职业压力状况的调查与思考[D].济南:山东师范大学,2006.

烈,表现出的职业倦怠感也会愈强;反之,职业压力程度愈低,则有正常或高于正常状况的生理或心理反应与情感体验,表现出较高的教育教学积极性与突破性。鉴于此,本研究尝试建立高职院校教师职业压力的测量模型,量测高职院校教师的职业压力程度,以进一步剖析高职院校教师职业压力的压力源并提出缓释策略。性别、教龄、岗位、学历、职称、工作经历、周课时量、学科领域及月收入都是影响教师职业压力的重要因素,隐含着增加教师职业压力的可能性与程度。研究选择宁波市 6 所高职院校教师为范围,聚焦于分析不同性别、教龄、岗位、学历、职称、工作经历、周课时量、学科领域及月收入的高职教师职业压力程度。

研究具体目的为:(1)建立高职院校教师职业压力测量模型;(2)测量宁波高职院校教师的职业压力程度;(3)比较宁波高职院校教师不同性别、教龄、岗位、学历、职称、工作经历、周课时量、学科领域及月收入的职业压力程度及差异。

二、高职院校教师职业压力的研究现状回顾

1978 年,基里亚科、萨克利夫首次将教师压力定义为教师的一种不愉快的、消极的情绪经历,如生气、焦虑、紧张、沮丧或失落;基里亚科还将教师压力看作是由教师意识到他们的工作状况对其自尊和健康构成威胁而引起的消极情感体验,这是目前检索到直接研究教师职业压力的最早文献。此后相关研究逐渐增多,但多数文献遵从上述界定,并对其进一步分解与延伸。通过对文献的整理分析,发现国内学者关于教师职业压力的研究已颇为丰富,研究范畴主要集中于各类教师职业压力的内涵研究、教师职业压力的影响因素研究、缓释教师职业压力的对策研究等方面,其中不乏对高职院校教师职业压力的研究探索,现结合文献详细内容作简要评述。

(一)关于职业压力和教师职业压力内涵的研究

职业压力是压力的一种类型,因此首先定义压力,但是对于压力目前国内外尚没有统一的界定。在心理学中,压力的定义使用较为普遍的是个体对某一没有足够能力应付的威胁性情境或事件产生的一系列生理、心理和行为反应。在文献中,压力至少包含三种不同的含义。第一种,压力是指那些使人感到紧张的事件或环境刺激,即将可能带来紧张感的事件或环境当作压力。第二种,压力是一种主观的身心反应,如个人行为、

思维及情绪等主观体验的紧张,或是心跳加速、手心出汗等身体上的生理反应。第三种,压力是一种过程,包括引起压力的刺激、压力状态以及情境,在这个过程中,个人是一个通过行为、认知、情绪的策略来改变刺激物带来的冲击的主动行动者。[①]

纵观我国学者对教师职业压力的理解,其内涵大致可以分为"情绪体验说"和"反应过程说"两种观点。

"情绪体验说"认为职业压力是教师工作因素所导致的紧张,使得教师感受到不愉快或负面的情绪,具体表现为一系列心理问题,如焦虑不安、受挫感、无助感、疲惫、自信不足、对工作及他人不满,以致经常发脾气、自我效能感低等;同时职业压力还会导致一些生理反应,如失眠、食欲不振等,甚至引发某些生理疾病。[②]具体观点有,孟丽丽认为教师职业压力是工作负荷给教师带来的消极的情感体验,即教师由于工作方面的原因,如工作时间过长、工作负荷过重、班额过大、学生行为不端等带来的身心疲劳过度、神经紧张、挫折、折磨等不愉快的情感体验。[③]蓝秀华将教师压力定义为,教师工作的因素导致的紧张,使得教师感受到不愉快或负面的情绪。[④]王赐文认为,高校教师职业压力是高校教师在工作中面临无力应对或自认为无力应对的威胁性情境或事件而出现的身心反应。这一定义包括几层意思:其一,高校教师压力是因为面临了情境或事件;其二,高校教师认为这些情境或事件具有威胁性;其三,这些威胁性情境或事件是在工作中出现的;其四,高校教师无力应对或自认为无力应对威胁性情境或事件;其五,高校教师压力是在威胁性情境或事件作用下产生的身心反应,主要表现为生理反应、心理反应和行为变化。[⑤]

"反应过程说"认为职业压力是教师个体长期暴露于应激工作环境而又无法对其有效应对时出现的一系列心理、生理和行为的反应过程。[⑥]

---

① 朱丽莎.新编健康心理学[M].武汉:武汉大学出版社,2007:72.

② 王颖.高校青年教师职业压力来源分析及缓解对策[J].教育与职业,2012(24):73-74.

③ 孟丽丽,司继伟,徐继红.教师职业压力研究综述[J].山东教育学院学报 2006(3):6-7,11.

④ 蓝秀华.教师的职业压力和职业倦怠[J].江西教育科研,2003(5):23-25.

⑤ 王赐文.高校教师职业压力与缓解策略[D].长沙:湖南大学,2008.

⑥ 曹晖.试析中小学教师职业压力[J].当代教育科学,2006(1):55-56.

申继亮认为,职业压力是教师在工作环境中无法有效应对或满足期望时造成生理、心理和行为上一系列负面或脱离正常状态反应的过程。① 杨小艳认为,压力是指个体对外界刺激的反应过程,包括对威胁的感知和由此产生的身心反应;职业压力是个体察觉或认知到工作环境中的特性、要求、期望、现象超过个体所能应对的范围,使个体感受到威胁或产生消极的情绪,而必须付出额外的精力以保持身心平衡的过程。② 徐长江认为,工作压力是在工作环境中,使个人目标受到威胁的压力长期地、持续地作用于个体,在个体及应对行为的影响下,形成的一系列的生理、心理和行为反应的过程。③

　　结合上述国内外研究成果,本研究认为教师职业压力是教师工作状态无法有效对付或满足预期,或工作威胁到自尊和健康生活,而产生的一系列心理、生理和行为的反应过程,或不愉快的、消极的情绪经历,如生气、焦虑、紧张、沮丧或失落等消极情感体验。

　　(二)关于教师职业压力影响因素的研究

　　国外学者关于教师职业压力影响因素的研究,如 Borg、Falzon 提出教师工作压力因素有:学生的行为、工作负荷和时间压力、工作条件、同事关系、学校的文化特质。④ 基里亚科、萨克利夫调查发现工作压力源有四个因素:学生的不良行为、较差的工作条件、时间的紧张感、不好的学校风气。⑤

　　国内学者对于教师职业压力的影响因素研究也较为丰富,大致可以归纳为:四因素说,把教师职业压力源归纳为学校没有浓厚的学风、教师可支配的自由时间太少、学校的教学条件差和学生的品德行为不端这四个方面。五因素说,包括工作环境、工作时间及工作负荷、学生品行、人际关系和学校客观因素;或学生素质、工作负荷、课堂教学、领导支持和自我

　　① 申继亮.教师的职业压力与应对[J].中国教师,2003(7):15-16.
　　② 杨小艳.浅析教师职业压力与应对策略[J].科教文汇,2006(10):14-15.
　　③ 徐长江.工作压力系统研究:机制、应付与管理[J].浙江师范大学学报,1999(5):120-123.
　　④ BORG M G,FALZON J M. Coping actions used by Maltese primary school teachers[J]. Educational research,1990,32(1):50-58.
　　⑤ KYRIACOU C, SUTCLIFFE J. Teacher stress: prevalence, sources and symptoms[J]. British journal of educational psychology,1978,48(2):159-167.

发展；或教师的工资待遇低、社会地位低、学生没有学习动机且能力差异性大、教师评价制度不合理、学校教学设备不完善①；或来源于教学、科研方面的压力，学历、职称晋升方面的压力，学校管理、考核、奖惩制度方面的压力，家庭、生活方面的压力和人际关系方面的压力②。六因素说，包括学生因素、自我发展的需要、工作负荷、考试压力、自我生存压力、学校生存压力③；或工作职责、职业素质、专业发展、人际关系、家庭负担、社会地位④。

　　不同的因素划分体现了研究者对职业压力概念内涵的理解不同，对每个要素内涵的理解也各异。已有研究的优点在于体现了教师职业的特点，不足在于要素划分存在着交叉。综合起来，具体的因素涉及社会、家庭、学校、学生、个人发展等各个方面。具体按照因素种类分，可以归纳为：学生品行、工作负荷、教学条件、人际关系、自我发展。这五个因素为研究者较为一致的观点。此外，还有如社会地位、领导支持、工资待遇、教学科研压力、管理考核评价奖惩等制度压力、家庭生活压力及学校氛围与生存压力等，也都被认为是压力源。

　　（三）关于缓释教师职业压力的对策研究

　　相关对策主要是从教师、学校、社会三个方面提出的。

　　对于教师职业压力的缓释策略的研究，有从教师个人、学校方面及发展性评价等方面提出对策的⑤，或从通过设置"职业压力警报区"、个体采取有效的缓解策略及组织援助方面提出⑥，或从教师个人、学校管理、教育行政部门及国家、社会四个层面提出⑦。总归，根据策略提出的维度不

　　① 徐长江.工作压力系统研究：机制、应付与管理[J].浙江师范大学学报,1999(5):120-123.
　　② 王颖.高校青年教师职业压力来源分析及缓解对策[J].教育与职业,2012(24):73-74.
　　③ 杨阿丽,王见艳.中等职业学校教师职业压力研究[J].沈阳师范大学学报(社会科学版),2005(3):29-32.
　　④ 董妍,江照富,俞国良.职业技术学校教师的职业压力、应对方式与社会支持调查[J].中国临床心理学杂志,2005(1):60-61.
　　⑤ 陈德云.教师专业发展的"危机阶段"关注[J].上海教育科研,2003(9):9-12.
　　⑥ 曹晖.试析中小学教师职业压力[J].当代教育科学,2006(1):55-56.
　　⑦ 杜丹,程丽.我国教师压力的研究现状及展望[J].现代教育科学,2007(6):50-51.

同,有依照职业压力源的主体,提出"他助"解决策略和"自助"解决策略途径;也有依照职业压力的压力源与心理中介因素,从对压力的认知和行为两方面提出策略。① 详细来讲,依照压力源主体,提出"他助"策略和"自助"策略包括:"他助"主要从组织支持的角度提出建议,有学校和社会两个角度,具体如学校层面,要强化教师心理健康教育、实施有效的激励、建立和完善发展性考核评价制度、科学化收入分配制度、增加上级领导支持、关注教师组织需求、创设良好的管理环境和人际环境、提高教师自主性和决策参与、提高教师工资福利待遇、确定适当的工作负荷等。社会层面要提高教师社会地位、提升教师良好形象、加强教师培养和培训、严格教师资格制度等。"自助"策略主要是通过教师从自身角度解决压力,具体如建立和谐的人际关系、树立正确认知、提高抗挫能力、控制个人情绪、掌握自我调适方法等。

对于教师职业压力的缓释策略,研究成果集中取向于组织支持,在教师个体调适的基础上,重点通过社会和学校层面的系列举措予以缓释,已有研究为本研究奠定了参考基础,我们将进一步深入分析组织支持策略。

(四)关于高职院校教师职业压力的研究

关于高职院校教师职业压力的研究,成果有高职教师职业压力量表编制相关的研究、高职院校教师职业压力现状调查研究及高职院校教师职业压力对策研究。关于高职院校教师职业压力结构的研究,黄琼、王会明提出高职院校教师职业压力有学校管理与教师待遇、角色职责、自身生存与发展、学生因素、人际关系和工作负荷六个维度。② 杨志刚等人提出教师职业压力由教育制度、学生行为、人际关系、工作负荷、自我实现、社会地位六个方面构成。③ 陈瑶提出高职院校教师职业压力包括教学与管理、人际关系、社会影响、学生因素、个人职业发展五个维度。④

————————

①　彭艳.高校教师职业压力分析及应对策略研究[D].武汉:中南民族大学,2008.

②　黄琼,王会明.高职教师职业压力量表的编制[J].温州职业技术学院学报,2008(6):10-13.

③　杨志刚,曹志清,陆亦佳.高职院校教师职业压力现状调查及其对策研究[J].职教论坛,2012(4):72-75.

④　陈瑶.天津市高职院校青年教师职业压力及对策研究[D].天津:天津大学,2009.

　　高职院校教师职业压力现状调查表明,高职院校教师职业压力较大,且压力因素主要来源于教学与管理、科研等方面,说明高职院校在教育教学改革过程中给教师带来教学与管理方面的压力,这一方面需要教师在教育教学改革中个体调整适应,另一方面需要学校进行调适,教育教学改革带来适当的压力尚可行,若带来教师的普遍性消极压力,则应予以调整。在缓解高职院校教师职业压力对策的研究成果中发现,研究者们也从社会层面、学校层面和教师自身方面来提出策略,社会层面具体包括提高高职院校及教师的地位与形象、提高教师准入门槛、高职教育改革要适度等;学校层面的策略包括加强院校管理、制定评价机制与激励机制、适度减轻不必要的负担等;对于教师个人的自我调适,包括正确认识职业压力、不断提升自我、掌握自我减压方法等①。

　　总体来看,目前关于教师职业压力的研究已经有一定的成果,这为后续的研究奠定了较好的基础。但研究也存在着不足:(1)关于职业压力的研究内容多为对压力现状的描述和影响因素的分析,缺少对教师职业压力形成机理的研究;(2)研究多为在现状调研、问题分析的基础上提出相关对策,缺少建立教师职业压力理论模型的研究;(3)研究方法多为问卷调查与理论分析,缺少教师职业压力的个案研究及院校降低教师职业压力策略的案例研究,单纯的一般性研究在一种程度上无法反映教师职业压力的复杂性;(4)关于高职院校教师职业压力的研究,缺乏对高职院校教师职业压力结构与模型的研究,且集中于区域范围内高职院校教师职业压力的现状调查,在全国范围内尚未有实证研究。因此,研究高职院校教师职业压力的问题,分析问题背景和产生原因,进而提出相应的策略,对于促进高职院校教师队伍健康发展,提高人才培养质量,具有重要的现实意义。

---

　　①　勇健.山东省高职学校教师职业压力状况的调查与思考[D].济南:山东师范大学,2006.

第二节　高职院校教师职业压力结构实证研究①

一、高职院校教师职业压力模型理论假设

结合国内外研究以及高职院校教师的特殊性,从教师职业环境、职业内容、工作负荷、人际关系及自我发展五个维度构建高职院校教师职业压力的理论模型。通过对宁波某高职院校 30 名教师进行访谈,从上述维度描述他们对高职院校教师职业压力的表现,形成由 37 个题项组成的问卷。然后请台湾高雄师范大学教授以及宁波某高职院校高教研究所 5 名专职研究人员对每个题项的表述、题项与研究主题及具体维度的吻合程度进行评价和修改,最终形成 5 个维度共 21 项有关职业压力的描述(如"科研任务让我觉得紧张")(见表 5.1),作为初始问卷的内容。问卷同时附列性别、教龄、岗位、学历、职称、工作经历、周课时量、学科领域及月收入等基本资料题项,借以搜集样本教师的背景数据。问卷填答方式采用李克特 5 级量表,选项从"非常符合"到"非常不符合",由样本教师选适当的答案,选"非常符合"计 5 分,依次递减,选"非常不符合"计 1 分,分数越高表明高职院校教师职业压力程度越高。

二、高职院校教师职业压力实证模型检验

(一)研究对象与工具

本研究在理论模型假设结构的基础上,编制《高职院校教师职业压力问卷》作为测量工具。以高职院校教师为研究母群,对宁波市 6 所高职院校采用立意抽样的方法选择样本教师 500 名,每所院校委托一位人事处负责人,就指定的学科类别(理工科 50％、文科 50％),随机选择一个二级分院,对其教师进行问卷调查。合计回收问卷 441 份,回收率为88.20％,经审慎筛选后,获得有效问卷 322 份,有效率为 73.02％。采用SPSS 19.0 软件对数据进行分析和处理。

---

① 参见张菊霞,任君庆.高职院校教师职业压力:模型检验与实证分析[J].中国高教研究,2017(9):89-93,104.

表 5.1　高职院校教师职业压力调查

一级维度	二级维度	题项
职业环境	管理环境	V16 我觉得教师的职业约束多
		V17 我觉得学校的管理制度严格
		V19 学校人事制度变动会引起我的焦虑
		V20 学校的考核指标会引起我的焦虑
	学生行为	V22 学生上课的表现令我不高兴
		V23 学生的作业完成情况令我不高兴
职业内容	科研工作	V11 科研任务让我觉得紧张
		V12 撰写论文使我头痛
		V24 申请课题让我觉得焦虑
	教学工作	V13 我在准备教学时觉得焦虑
		V21 信息化教学让我觉得紧张
		V25 教学考核结果让我觉得沮丧
		V26 教学检查评比让我觉得焦虑
工作负荷	工作量	V27 工作量让我觉得焦虑
	工作时间	V28 经常需要加班,我觉得焦虑
		V29 家庭和工作兼顾让我觉得累
人际关系	与领导关系	V14 与领导沟通时我觉得紧张
	与同事关系	V15 同事间的竞争让我紧张
	与学生关系	V18 学生管理给我带来困扰
自我发展	个人提升	V30 想到学历需要提升时觉得焦虑
		V31 想到职称需要提升时觉得焦虑

注:因问卷在调查时与教师职业适应的测试题穿插在一起,因此序号未按维度分类排序。

(二)题项的项目分析

初试问卷回收后,采用 SPSS 19.0 软件对数据进行分析和处理。采用相关分析法计算被试者在每个题项的得分与总问卷得分间的相关性,根据伊贝尔经验,0.4 以上的题目较好,0.2～0.4 的题目一般,0.2 以下的题目应剔除。结果发现,21 个题项与总问卷得分系数均在 0.4 以上,均具有鉴别度(见表 5.2)。

表 5.2 题项与总分相关性分析结果

题项	相关性	题项	相关性
V11	0.479**	V22	0.555**
V12	0.559**	V23	0.555**
V13	0.552**	V24	0.693**
V14	0.534**	V25	0.690**
V15	0.563**	V26	0.715**
V16	0.561**	V27	0.674**
V17	0.529**	V28	0.533**
V18	0.463**	V29	0.544**
V19	0.603**	V30	0.624**
V20	0.697**	V31	0.702*
V21	0.544**		

注:* 表示 $p < 0.05$,** 表示 $P < 0.01$。

(三)探索性因素分析

初试问卷资料,KMO(Kaiser-Meyer-Olkin)值为 0.872,巴特利特球形检验达到统计值为 2860.929,自由度为 210,相伴概率为 0.000,拒绝球形假设,说明变量的相关系数矩阵不是单位阵,各变量不是相互独立的,确认适合做因素分析(见表 5.3)。

表 5.3 KMO 和巴特利特球形检验

取样足够度的 Kaiser-Meyer-Olkin 度量		0.872
巴特利特球形检验	近似卡方	2860.929
	df	210
	Sig.	0.000

运用主成分分析法进行探索性因素分析(exploratory factor analysis),提取主要因子的原则是:特征值大于 1.0、陡坡分析碎石图、提取因子在旋转前至少能解释 5% 的方差总变异量。按照此 3 个原则提取公因子(common factor),再进行最大方差法旋转,结果抽取出 5 个因子,共

解释方差总变异量的 60.787%。再经转轴法(Kaiser 正规化最大变异法)后,得到因子载荷矩阵,其中题项 V25、V21 和 V13 三题的因素负荷量小于 0.4(见表 5.4)。

表 5.4　旋转成分矩阵ᵃ(第一次)

题项	成分				
	因素 1	因素 2	因素 3	因素 4	因素 5
V29	0.755	0.143			0.143
V27	0.692		0.243	0.251	0.136
V28	0.686			0.196	0.178
V30	0.625	0.311	0.256		
V20	0.512	0.424	0.261		0.203
V26	0.495	0.304	0.345	0.298	0.108
V25	0.373	0.283	0.369	0.368	0.152
V15		0.753	0.113	0.198	
V14		0.728	0.115	0.188	0.144
V19	0.229	0.726	0.137		0.138
V21	0.314	0.484		0.186	
V11			0.851		0.119
V12			0.838	0.119	0.127
V24	0.346	0.263	0.612	0.217	
V31	0.499	0.300	0.534		
V22	0.173	0.195		0.849	
V23	0.138	0.205	0.109	0.810	
V18	0.112			0.518	0.435
V13	0.206	0.257	0.210	0.375	0.192
V17	0.175	0.140	0.204		0.816
V16	0.226	0.231	0.111		0.772

注:提取方法:主成分。

旋转法:具有 Kaiser 标准化的正交旋转法。

a. 旋转在 6 次迭代后收敛。

　　删除因素负荷量小于 0.4 的 3 个题项,即删去"信息化教学让我觉得紧张""我在准备教学时觉得焦虑""教学考核结果让我觉得沮丧",留取因素负荷量大于 0.4 的 18 个题项。因探索性因素分析在题项删除后因素结构会发生变化,因此采用筛选后的 18 个题项进行二次因素分析,以验证量表的结构效度。对第一次因素分析的 5 个因子进行 KMO 和巴特利特球形检验,结果 KMO 值为 0.848,巴特利特球形检验统计值为 2424.434,自由度为 153,相伴概率为 0.000,表明可以进行二次因素分析。未经最大方差旋转,只能提取一个因子,特征值为 6.249,共解释 65.080% 的方差总变异量,在不限定因素层面下,第二次因素分析与第一次因素分析结果甚为相近,确定教师职业压力的五个因素(见表 5.5)。

表 5.5　旋转成分矩阵ᵃ(第二次)

题项	成分				
	因素 1	因素 2	因素 3	因素 4	因素 5
V29	0.761				
V27	0.709				
V28	0.689				
V30	0.641				
V20	0.522				
V26	0.516				
V11		0.863			
V12		0.842			
V24		0.611			
V31		0.524			
V15			0.781		
V14			0.765		
V19			0.695		
V22				0.872	
V23				0.816	
V18				0.513	
V17					0.819
V16					0.782

注:提取方法:主成分。
旋转法:具有 Kaiser 标准化的正交旋转法。
a. 旋转在 6 次迭代后收敛。

　　理论假设教师职业压力包括职业环境、职业内容、工作负荷、人际关系及自我发展五个维度,根据实证模型检验,5个因素发生了变化,根据因素构成项目的语义分析进行各因子重新命名。因素1的各题主要反映了教师工作量负荷和对自我发展的无力应对,因此命名为"工作负荷与自我发展压力";因素2的各题主要反映了教师科研方面的压力,因此命名为"科研压力";因素3的各题主要反映了教师与领导、同事的关系处理,因此命名为"人际关系压力";因素4的各题主要反映了教师对学生行为的反应,因此命名为"学生行为压力";因素5的各题主要反映了教师对管理环境的反应,因此命名为"管理环境压力"。因素分析结果表明,高职院校教师职业压力的主要构成因素依次为工作负荷与自我发展、人际关系、科研、学生行为、管理环境。

　　(四)效度与信度检验

　　为了进一步分析高职院校教师职业压力量表与因子之间的关系,通过相关性分析五个因素间及其与总量表间的相关矩阵,量表与各因素之间相关系数在 0.3～0.8、各因素之间的相关系数在 0.1～0.6 为最佳。结果表明,因子间均达到显著相关,各因子间呈现中等程度相关,各因子与总量表间的相关系数依次为 0.876,0.780,0.701,0.655 和 0.622,均在 0.6 以上,存在较大程度相关,说明问卷的结构效度较好(见表5.6)。

表 5.6　高职院校教师职业压力量表效度分析结果

维度	工作负荷与自我发展压力	科研压力	人际关系压力	学生行为压力	管理环境压力
工作负荷与自我发展压力	1.000	0.580**	0.492**	0.458**	0.459**
科研压力	0.580**	1.000	0.430**	0.343**	0.407**
人际关系压力	0.492**	0.430**	1.000	0.401**	0.363**
学生行为压力	0.458**	0.343**	0.401**	1.000	0.320**
管理环境压力	0.459**	0.407**	0.363**	0.320**	1.000
职业压力	0.876**	0.780**	0.701**	0.655**	0.622**

　　注:** 表示 $p < 0.01$。

为进一步了解问卷的可靠性与有效性,采用克朗巴哈系数法进行信度检验,主要检验 5 个分量表及总量表的内部一致性。总量表的克朗巴哈系数在 0.800 以上为佳,各因素的克朗巴哈系数在 0.700 以上为佳。[①]抽取五个因素,采用个别执行方法,求出各因素层面及总量表的内部一致性系数,各因素克朗巴哈系数在 0.700～0.819,总量表的克朗巴哈系数为 0.891,说明自编《高职院校教师职业压力量表》问卷的信度良好(见表 5.7)。

表 5.7 高职院校教师职业压力量表信度分析结果

因素	题项	α
工作负荷与自我发展压力	V29 家庭和工作兼顾让我觉得累 V27 工作量让我觉得焦虑 V28 经常需要加班,我觉得焦虑 V30 想到学历需要提升时觉得焦虑 V20 学校的考核指标会引起我的焦虑 V26 教学检查评比让我觉得焦虑	0.819
科研压力	V11 科研任务让我觉得紧张 V12 撰写论文使我头痛 V24 申请课题让我觉得焦虑 V31 想到职称需要提升时觉得焦虑	0.806
人际关系压力	V15 同事间的竞争让我紧张 V14 与领导沟通时我觉得紧张 V19 学校人事制度变动会引起我的焦虑	0.732
学生行为压力	V22 学生上课的表现令我不高兴 V23 学生的作业完成情况令我不高兴 V18 学生管理给我带来困扰	0.700
管理环境压力	V17 我觉得学校的管理制度严格 V16 我觉得教师的职业约束多	0.735
职业压力		0.891

① 张文彤.SPSS统计分析基础教程[M].北京:高等教育出版社,2004:363-378.

第三节　宁波高职院校教师职业压力现状与特征实证分析①

针对问卷调查所得的资料,本研究采用次数、百分比率来说明样本教师的背景。其次,采用平均数、标准差等描述统计方法,进行统计分析,借以说明样本教师职业压力程度的情形。同时,鉴于不同背景的高职院校教师,其职业压力程度具有对照、比较的参考价值,所以研究运用独立样本 t 检验、单因子变异数分析及薛费事后检验等统计方法,检验调查结果推论的高职院校教师职业压力程度,是否因为教师性别、教龄、岗位、学历、职称、工作经历、周课时量、学科及收入等背景不同而有差异。

一、高职院校教师职业压力样本教师基本资料分析

采用次数、百分比分析样本教师的基本资料,说明样本教师背景。有效的样本教师中,男性教师 141 人,占样本教师总数的 43.8%,女性教师 181 人,占样本教师总数的 56.2%。样本男女教师数基本平衡。就教师教龄而言,教龄≤5 年的有 68 人,占比 21.1%;5 年＜教龄≤10 年的有 67 人,占比 20.8%;10 年＜教龄≤15 年的有 108 人,占比 33.5%;15 年＜教龄≤20 年的有 34 人,占比 10.6%;教龄＞20 年的有 45 人,占比 14.0%。这说明样本教师以中青年教师为主。就岗位而言,样本教师中教学岗的有 256 人,占比 79.5%;教学兼管理岗的有 66 人,占比 20.5%。样本教师以专任教师为主。就学历而言,专科及以下的有 4 人,占比 1.2%;本科学历的有 121 人,占比 37.6%;硕士研究生有 178 人,占比 55.3%;博士研究生有 19 人,占比 5.9%。样本教师中本科与硕士研究生数达 90% 以上。就职称而言,初级或无职称的有 55 人,占比 17.1%;中级有 166 人,占比 51.6%;副高级有 84 人,占比 26.1%;正高级有 17 人,占比 5.3%。(因自变项"专科及以下""博士研究生""正高级职称"所涉及的教师样本数量过少,不利于变量的差异分析,因此将它们分别与"本科""硕士研究生""副高级职称"合并,并更名为"本科及以下""研究生""高级职称"。)就工作经历而言,毕业后直接进入高职院校工作者有 199 人,占比

---

①　参见张菊霞,任君庆.高职院校教师职业压力:模型检验与实证分析[J].中国高教研究,2017(9):89-93,104.

61.8％；在企事业单位工作后进入高职院校工作者有 80 人，占比 24.8％；在本科院校工作后进入高职院校工作者有 20 人，占比 6.2％；在 其他高职院校工作后进入现单位有 23 人，占比 7.1％。样本教师以毕业 后直接进入学校工作为主。就周课时量而言，8 节及以下的有 68 人，占 比 21.1％；9～16 节的有 197 人，占比 61.2％；17～20 节的有 41 人，占比 12.7％；21 节及以上的有 16 人，占比 5.0％。这说明样本教师以周课时 量以 16 节以下为主。就样本教师所属学科而言，属社会科学领域的有 158 人，占比 49.1％；自然科学领域的有 164 人，占比 50.9％。社会科学 和自然科学两大类学科领域样本教师基本相当。就月收入情况而言， 3000 元及以下的有 6 人，占比 1.9％；3001～5000 元的有 79 人，占比 24.5％；5001～7000 的有 136 人，占比 42.2％；7001～9000 的有 72 人，占 比 22.4％；9000 元以上的有 29 人，占比 9.0％。月收入情况基本与学历 和职称相一致（见表 5.8）。

表 5.8　教师职业压力问卷样本分布情况（N＝322）

自变项	组别	频数	占比/％
性别	男	141	43.8
	女	181	56.2
教龄	≤5 年	68	21.1
	5 年＜教龄≤10 年	67	20.8
	10 年＜教龄≤15 年	108	33.5
	15 年＜教龄≤20 年	34	10.6
	＞20 年	45	14.0
岗位	教学岗	256	79.5
	教学兼管理岗	66	20.5
学历	专科及以下	4	1.2
	本科	121	37.6
	硕士研究生	178	55.3
	博士研究生	19	5.9
	本科及以下	125	38.8
	研究生	197	61.2

自变项	组别	频数	占比/%
职称	初级或无职称	55	17.1
	中级	166	51.5
	副高级	84	26.1
	正高级	17	5.3
	初级或无职称	55	17.1
	中级职称	166	51.6
	高级职称	101	31.4
工作经历	毕业后直接进入高职院校	199	61.8
	在企事业单位工作后进入高职院校	80	24.8
	在本科院校工作后进入高职院校	20	6.2
	在其他高职院校工作后进入现单位	23	7.1
周课时量	8节及以下	68	21.1
	9~16节	197	61.2
	17~20节	41	12.7
	21节及以上	16	5.0
学科	社会科学	158	49.1
	自然科学	164	50.9
月收入	3000元及以下	6	1.9
	3001~5000元	79	24.5
	5001~7000元	136	42.2
	7001~9000元	72	22.4
	9001元及以上	29	9.0

注:灰色底纹为"学历""职称"自变项下问卷的详细数据,具体分析以其后整合后的数据为依据。

二、高职院校教师职业压力的总体状况

通过描述性统计分析职业压力总体得分($M=3.341$,$SD=1.057$),说明超过50%的高职院校教师的职业压力程度高于临界值3.0,表明高

职院校教师职业压力程度较高,亟须予以重视。

　　职业压力 5 个因子平均值与标准差分析说明,就样本教师职业压力涵盖因素的意见反映而言,科研压力($M=3.734,SD=1.040$)、管理环境压力($M=3.564,SD=0.955$)、工作负荷与自我发展压力($M=3.313,SD=1.054$)的平均数相对较高。学生行为压力($M=3.086,SD=1.018$)和人际关系压力($M=2.977,SD=0.980$)平均数较低。结果表明,高职院校教师科研压力最大,其次是管理环境压力,再依次是工作负荷与自我发展压力、学生行为压力、人际关系压力(见表 5.9)。

表 5.9　高职院校教师职业压力因子均分和标准差统计

	工作负荷与自我发展压力	科研压力	人际关系压力	学生行为压力	管理环境压力	职业压力
M	3.313	3.734	2.977	3.086	3.564	3.341
SD	1.054	1.040	0.980	1.018	0.955	1.057

三、高职院校教师职业压力自变项差异分析

(一)高职院校教师职业压力的性别差异分析

　　通过独立样本 t 检验,对样本教师的性别自变项对职业压力影响进行显著性差异分析。结果显示,各因子的显著性水平值均大于 0.05,差异不显著,说明样本男、女教师在科研、工作负荷与自我发展、人际关系、学生行为和管理环境等各因素与职业压力的关系上无显著差异(表5.10),性别不太会影响高职院校教师职业压力的存在与大小。但通过平均数标准差分析发现,女性教师在工作负荷与自我发展压力和科研压力因子上略高于男性教师,而男性教师在人际关系压力、学生行为压力和管理环境压力等因子上略高于女性教师,总体女性教师职业压力略高于男性(表 5.11)。女性教师在工作负荷与自我发展和科研方面压力高于男性,符合女性的基本特征,即工作精力相对男性较弱,同时在家庭中的责任较男性稍大,因此工作负荷感高于男性教师符合常规判断;同样,科研成果需要付出较多的时间和精力,且多数女性教师的科研能力与逻辑思维能力较男性弱一些,因此体现出些许差异。

表 5.10 独立样本 t 检验分析高职院校教师职业压力的性别差异

		方差方程的 Levene 检验		均值方程的 t 检验					差分的 95%置信区间	
		F 值	Sig.	t 值	df	Sig.（双侧）	均值差值	标准误差值	下限	上限
科研压力	假设方差相等	0.655	0.419	-1.381	320.000	0.168	-0.50774	0.36755	-1.23086	0.21538
	假设方差不相等			-1.363	284.003	0.174	-0.50774	0.37249	-1.24093	0.22545
工作负荷与自我发展压力	假设方差相等	3.633	0.058	-0.604	320.000	0.547	-0.30892	0.51188	-1.31599	0.69815
	假设方差不相等			-0.593	277.644	0.554	-0.30892	0.52108	-1.33469	0.71685
人际关系压力	假设方差相等	0.914	0.340	0.266	320.000	0.790	0.07108	0.26700	-0.45422	0.59638
	假设方差不相等			0.264	292.423	0.792	0.07108	0.26890	-0.45814	0.60030
学生行为压力	假设方差相等	7.111	0.008	1.151	320.000	0.251	0.31108	0.27022	-0.22055	0.84271
	假设方差不相等			1.132	279.600	0.258	0.31108	0.27470	-0.22967	0.85183
管理环境压力	假设方差相等	0.126	0.722	0.466	320.000	0.642	0.08891	0.19099	-0.28685	0.46466
	假设方差不相等			0.467	305.223	0.641	0.08891	0.19025	-0.28545	0.46327

表 5.11　平均数标准差分析高职院校教师职业压力的性别差异

自变项	工作负荷与自我发展压力		科研压力		人际关系压力		学生行为压力		管理环境压力		职业压力	
	M	SD	M	SD	M	SD	M	SD	M	SD	M	SD
男	3.28	1.12	3.66	1.09	2.99	1.02	3.14	1.08	3.59	0.96	3.33	1.1
女	3.34	1.00	3.79	1.00	2.97	0.95	3.04	0.96	3.54	0.95	3.35	1.02

（二）高职院校教师职业压力的教龄差异分析

采用独立样本单因子变异数分析法，对高职院校教师职业压力的教龄进行差异显著性检验。结果表明，教龄≤5年的教师与15年<教龄≤20年的教师在科研压力因子上存在显著差异，显著值为0.041（均差值的显著水平为0.05，小于0.05表明有显著差异），其他因子及其他教龄段无显著差异（见表5.12）。平均数标准差分析发现，15年<教龄≤20年教龄教师在多个因子维度上压力较大，总体职业压力最大的也是此群体，其次为5年<教龄≤10年和10年<教龄≤15年的教师，再次为教龄>20年和教龄≤5年的教师（见表5.13）。

表 5.12　独立样本单因子变异数分析高职院校教师职业压力的教龄差异

因变量	自变项		均值差值	标准误差值	显著性	95% 置信区间	
						下限	上限
科研压力	1	2	−1.04543	0.55770	0.477	−2.7734	0.6826
		3	−1.09477	0.50155	0.315	−2.6488	0.4593
		4	−2.16176*	0.68050	0.041	−4.2703	−0.0533
		5	−0.57810	0.62259	0.930	−2.5072	0.3510
	2	1	1.04543	0.55770	0.477	−0.6826	2.7734
		3	−0.04934	0.50384	1.000	−1.6105	1.5118
		4	−1.11633	0.68219	0.614	−3.2301	0.9974
		5	0.46733	0.62443	0.967	−1.4675	2.4021
	3	1	1.09477	0.50155	0.315	−0.4593	2.6488
		2	0.04934	0.50384	1.000	−1.5118	1.6105
		4	−1.06699	0.63711	0.592	−3.0411	0.9071
		5	0.51667	0.57484	0.937	−1.2645	2.2978

续表

因变量	自变项		均值差值	标准误差值	显著性	95% 置信区间	
						下限	上限
科研压力	4	1	2.16176*	0.68050	0.041	0.0533	4.2703
		2	1.11633	0.68219	0.614	−0.9974	3.2301
		3	1.06699	0.63711	0.592	−0.9071	3.0411
		5	1.58366	0.73619	0.330	−0.6974	3.8647
	5	1	0.57810	0.62259	0.930	−1.3510	2.5072
		2	−0.46733	0.62443	0.967	−2.4021	1.4675
		3	−0.51667	0.57484	0.937	−2.2978	1.2645
		4	−1.58366	0.73619	0.330	−3.8647	0.6974

注:自变项中,1、2、3、4、5 分别表示:教龄≤5 年、5 年<教龄≤10 年、10 年<教龄≤15 年、15<教龄≤20 年、教龄>20 年。

* 表示 $p<0.05$。

表 5.13　平均数标准差分析高职院校教师职业压力的教龄差异

自变项	工作负荷与自我发展压力		科研压力		人际关系压力		学生行为压力		管理环境压力		职业压力	
	M	SD	M	SD	M	SD	M	SD	M	SD	M	SD
教龄≤5 年	3.25	1.06	3.51	1.03	2.91	0.99	3.06	1.02	3.38	1.00	3.24	1.05
5 年<教龄≤10 年	3.46	1.10	3.77	1.07	2.95	1.01	3.05	1.05	3.50	1.08	3.38	1.10
10 年<教龄≤15 年	3.29	1.06	3.78	1.02	3.03	0.94	3.13	0.99	3.66	0.90	3.37	1.04
15 年<教龄≤20 年	3.36	1.12	4.01	0.95	3.13	1.11	3.10	1.13	3.87	0.84	3.49	1.12
教龄>20 年	3.20	0.88	3.66	1.06	2.87	0.89	3.07	0.95	3.48	0.84	3.26	0.97

（三）高职院校教师职业压力的岗位差异分析

通过独立样本 t 检验,对样本教师的岗位自变项对职业压力影响进行显著性差异分析。结果显示,各因子的显著性水平值均大于 0.05,差异不显著,说明样本教学岗位教师、教学兼管理岗位教师在科研、工作负荷与自我发展、人际关系、学生行为和管理环境等各因素与职业压力的关系上无显著差异（见表 5.14）。用平均数标准差分析发现,教学岗位教师总体压力略大于教学兼管理岗教师（见表 5.15）。

表5.14　独立样本t检验分析高职院校教师职业压力的岗位差异

		方差方程的Levene检验		均值方程的t检验					差分的95%置信区间	
		F值	Sig.	t值	df	Sig.（双侧）	均值差值	标准误差值	下限	上限
工作负荷与自我发展压力	假设方差相等	0.000	0.993	-0.097	320	0.923	-0.06096	0.62945	-1.29935	1.17743
	假设方差不相等			-0.100	105.320	0.921	-0.06096	0.61035	-1.27114	1.14922
科研压力	假设方差相等	0.658	0.418	1.857	320	0.064	0.83665	0.45065	-0.04996	1.72326
	假设方差不相等			1.716	92.306	0.089	0.83665	0.48743	-0.13139	1.80468
人际关系压力	假设方差相等	0.003	0.959	0.610	320	0.543	0.19993	0.32800	-0.44537	0.84523
	假设方差不相等			0.615	102.372	0.540	0.19993	0.32488	-0.44444	0.84430
学生行为压力	假设方差相等	0.015	0.904	0.344	320	0.731	0.11458	0.33273	-0.54003	0.76920
	假设方差不相等			0.338	98.772	0.736	0.11458	0.33907	-0.55823	0.78740
管理环境压力	假设方差相等	0.016	0.900	-0.698	320	0.486	-0.16383	0.23463	-0.62544	0.29779
	假设方差不相等			-0.720	105.330	0.473	-0.16383	0.22749	-0.61489	0.28724
职业压力	假设方差相等	0.014	0.906	0.511	320	0.610	0.88719	1.73526	-2.52677	4.30115
	假设方差不相等			0.520	103.417	0.604	0.88719	1.70554	-2.49519	4.26957

表 5.15　平均数标准差分析高职院校教师职业压力的岗位差异

自变项	工作负荷与自我发展压力		科研压力		人际关系压力		学生行为压力		管理环境压力		职业压力	
	M	SD	M	SD	M	SD	M	SD	M	SD	M	SD
教学岗位	3.31	1.05	3.78	1.01	3.00	0.98	3.10	1.01	3.55	0.94	3.35	1.05
教学兼管理岗位	3.32	1.06	3.57	1.12	2.92	0.98	3.06	1.06	3.63	1.00	3.30	1.08

（四）高职院校教师职业压力的学历差异分析

独立样本单因子变异数分析法对高职院校教师职业压力的学历差异检验结果表明,教师职业压力的科研压力因子在学历上存在显著差异,其中专科及以下学历教师与硕士研究生学历教师的显著值为 0.038;本科学历教师与博士研究生学历教师的显著值为 0.044,其他因子及其他职称无显著差异（见表 5.16）。平均数标准差分析发现,硕士及博士研究生学历教师在多个因子维度上压力较大,总体职业压力略高于本科及以下学历教师（见表 5.17）。

表 5.16　独立样本单因子变异数分析高职院校教师职业压力的学历差异

因变量	自变项		均值差值	标准误差值	显著性	95% 置信区间	
						下限	上限
科研压力	1	2	−4.50000	1.62721	0.056	−9.0733	0.0733
		3	−4.73034*	1.61885	0.038	−9.2801	−0.1805
		4	−2.23684	1.76144	0.657	−7.1874	2.7137
	2	1	4.50000	1.62721	0.056	−0.0733	9.0733
		3	−0.23034	0.37726	0.946	−1.2906	0.8300
		4	2.26316*	0.79014	0.044	0.0424	4.4839
	3	1	4.73034*	1.61885	0.038	0.1805	9.2801
		2	0.23034	0.37726	0.946	−0.8300	1.2906
		4	2.49349*	0.77278	0.016	0.3216	4.6654
	4	1	2.23684	1.76144	0.657	−2.7137	7.1874
		2	−2.26316*	0.79014	0.044	−4.4839	−0.0424
		3	−2.49349*	0.77278	0.016	−4.6654	−0.3216

注:自变项中,1、2、3、4 分别代表学历为:专科及以下、本科、硕士研究生、博士研究生。
* 表示 $p < 0.05$。

表 5.17　平均数标准差分析高职院校教师职业压力的学历差异

自变项		工作负荷与自我发展压力		科研压力		人际关系压力		学生行为压力		管理环境压力		职业压力	
		M	SD	M	SD	M	SD	M	SD	M	SD	M	SD
学历	本科及以下	3.31	1.06	3.71	1.06	3.02	0.95	3.02	1.02	3.57	0.92	3.33	1.05
	硕士、博士研究生	3.32	1.05	3.75	1.03	2.95	1.00	3.13	1.02	3.56	0.98	3.35	1.06

(五)高职院校教师职业压力的职称差异分析

独立样本单因子变异数分析法对高职院校教师职业压力的职称差异检验结果表明,教师职业压力的科研压力因子在职称上存在显著差异,其中初级或无职称教师与中级职称教师的显著值为 0.001,存在极其显著差异;中级职称教师与正高职称教师的显著值为 0.005,差异显著,其他因子及其他职称无显著差异(见表 5.18)。平均数标准差分析发现,中级职称教师在各维度上压力都相较其他职称大,总体中级职称教师职业压力最大,其次为副高及以上教师,再次为初级或无职称教师(见表 5.19)。

表 5.18　独立样本单因子变异数分析高职院校教师职业压力的职称差异

因变量	自变项		均值差值	标准误差值	显著性	95% 置信区间	
						下限	上限
科研压力	1	2	−2.07426*	0.49077	0.001	−3.4536	−0.6949
		3	−0.92251	0.54715	0.418	−2.4603	0.6153
		4	0.84920	0.87534	0.815	−1.6110	3.3094
	2	1	2.07426*	0.49077	0.001	0.6949	3.4536
		3	1.15175	0.42237	0.061	−0.0353	2.3388
		4	2.92346*	0.80328	0.005	0.6658	5.1811
	3	1	0.92251	0.54715	0.418	−0.6153	2.4603
		2	−1.15175	0.42237	0.061	−2.3388	0.0353
		4	1.77171	0.83891	0.218	−0.5861	4.1295
	4	1	−0.84920	0.87534	0.815	−3.3094	1.6110
		2	−2.92346*	0.80328	0.005	−5.1811	−0.6658
		3	−1.77171	0.83891	0.218	−4.1295	0.5861

注:自变项中,1、2、3、4 分别表示:初级或无职称、中级职称、副高级职称、正高级职称。
* 表示 $p < 0.05$。

表 5.19　平均数标准差分析高职院校教师职业压力的职称差异

自变项		工作负荷与自我发展压力		科研压力		人际关系压力		学生行为压力		管理环境压力		职业压力	
		M	SD	M	SD	M	SD	M	SD	M	SD	M	SD
职称	初级或无职称	3.21	1.14	3.42	1.11	2.95	1.03	2.91	1.07	3.35	1.14	3.18	1.12
	中级	3.38	1.05	3.94	0.96	3.05	0.94	3.12	1.04	3.65	0.90	3.44	1.04
	副高级以上	3.25	1.01	3.57	1.07	2.87	1.01	3.12	0.94	3.54	0.92	3.27	1.03

(六)高职院校教师职业压力的工作经历差异分析

采用独立样本单因子变异数分析法,对高职院校教师职业压力的工作经历进行差异显著性检验。结果表明,工作经历与各因子无显著差异(见表 5.20)。平均数标准差分析发现,毕业后直接进入高职院校、在其他高职院校工作后进入现单位两类教师在多个因子维度上压力较大,总体职业压力最大的也是这两个群体,其次为在企事业单位工作后进入高职院校的教师,压力最轻的是在本科院校工作后进入高职院校工作的教师(见表 5.21)。

表 5.20　独立样本单因子变异数分析高职院校教师职业压力的工作经历差异

因变量	自变项		均值差值	标准误差值	显著性	95% 置信区间	
						下限	上限
教师职业压力	1	2	2.28386	1.65569	0.593	−2.3695	6.9372
		3	6.12136	2.93379	0.228	−2.1241	14.3668
		4	1.44527	2.75445	0.965	−6.2962	9.1867
	2	1	−2.28386	1.65569	0.593	−6.9372	2.3695
		3	3.83750	3.12672	0.681	−4.9502	12.6252
		4	−.83859	2.95909	0.994	−9.1552	7.4780
	3	1	−6.12136	2.93379	0.228	−14.3668	2.1241
		2	−3.83750	3.12672	0.681	−12.6252	4.9502
		4	−4.67609	3.82388	0.684	−15.4232	6.0710
	4	1	−1.44527	2.75445	0.965	−9.1867	6.2962
		2	0.83859	2.95909	0.994	−7.4780	9.1552
		3	4.67609	3.82388	0.684	−6.0710	15.4232

注:自变项中,1、2、3、4 分别表示工作经历为:毕业后直接进入高职院校工作、在企事业单位工作后进入高职院校工作、在本科院校工作后进入高职院校工作、在其他高职院校工作后进入现单位工作。

表 5.21 平均数标准差分析高职院校教师职业压力的工作经历差异

自变项		工作负荷与自我发展压力		科研压力		人际关系压力		学生行为压力		管理环境压力		职业压力	
		M	SD	M	SD	M	SD	M	SD	M	SD	M	SD
工作经历	毕业后直接进入高职院校工作	3.37	1.04	3.81	0.99	3.00	0.96	3.12	1.03	3.64	0.93	3.40	1.04
	在企事业单位工作后进入高职院校工作	3.25	1.10	3.67	1.13	3.00	1.06	3.04	0.98	3.43	0.96	3.28	1.09
	在本科院校工作后进入高职院校工作	2.93	1.01	3.34	1.03	2.85	1.01	3.08	1.03	3.55	0.99	3.10	1.03
	在其他高职院校工作后进入现单位工作	3.40	1.00	3.65	1.08	2.93	0.90	2.96	1.01	3.41	1.07	3.3	1.04

(七)高职院校教师职业压力的周课时量差异分析

采用独立样本单因子变异数分析法,对高职院校教师职业压力的周课时量进行差异显著性检验。结果表明,周课时量在 8 节及以下的教师与课时量在 17~20 节的教师在科研因子上存在显著差异,显著值为 0.040(均差值的显著水平为 0.05,小于 0.05 表明有显著差异),其他因子及其他周课时量段无显著差异(见表 5.22)。平均数标准差分析发现,周课时量 17 节及以上的教师职业压力在各因子维度上均呈最大,总体职业压力也明显高于其他周课时量教师,其次为 9~16 节的教师,最后为 8 节及以下的教师,说明教师周课时量与教师职业压力呈正相关(见表 5.23)。

表 5.22 独立样本单因子变异数分析高职院校教师职业压力的周课时量差异

因变量	自变项		均值差值	标准误差值	显著性	95% 置信区间	
						下限	上限
科研压力	1	2	−0.84018	0.45464	0.334	−2.1179	0.4376
		3	−1.85330*	0.63914	0.040	−3.6496	−0.0570
		4	−2.30147	0.89817	0.089	−4.8258	0.2228

续表

因变量	自变项		均值差值	标准误差值	显著性	95% 置信区间	
						下限	上限
科研压力	2	1	0.84018	0.45464	0.334	−0.4376	2.1179
		3	−1.01312	0.55488	0.345	−2.5726	0.5464
		4	−1.46129	0.84029	0.389	−3.8229	0.9004
	3	1	1.85330*	0.63914	0.040	0.0570	3.6496
		2	1.01312	0.55488	0.345	−0.5464	2.5726
		4	−0.44817	0.95283	0.974	−3.1261	2.2298
	4	1	2.30147	0.89817	0.089	−0.2228	4.8258
		2	1.46129	0.84029	0.389	−0.9004	3.8229
		3	0.44817	0.95283	0.974	−2.2298	3.1261

注：自变项中，1、2、3、4 分别表示周课时量为：8 节及以下、9～16 节、17～20 节、21 节及以上。

* 表示 $p < 0.05$。

表 5.23　平均数标准差分析高职院校教师职业压力的周课时量差异

自变项	工作负荷与自我发展压力		科研压力		人际关系压力		学生行为压力		管理环境压力		职业压力	
	M	SD	M	SD	M	SD	M	SD	M	SD	M	SD
8 节及以下	3.24	1.00	3.52	1.09	2.97	0.91	3.09	1.00	3.56	0.99	3.27	1.03
9～16 节	3.28	1.05	3.73	1.03	2.94	1.01	3.03	1.02	3.51	0.94	3.31	1.06
17 节及以上	3.51	1.10	4.01	0.96	3.11	0.96	3.29	1.03	3.76	0.93	3.55	1.06

（八）高职院校教师职业压力的学科领域差异分析

通过独立样本 t 检验，对样本教师的学科自变项对职业压力影响进行显著性差异分析。结果显示，各因子的显著性水平值均大于 0.05，差异不显著，说明样本人文社会科学教师与自然科学教师在科研、工作负荷与自我发展、人际关系、学生行为和管理环境等各因素与职业压力的关系上无显著差异（见表 5.24）。通过平均数标准差分析发现，人文社会科学领域教师在科研因子和管理环境因子上的压力略大于自然科学领域教师，而自然科学领域教师在工作负荷、人际关系及学生行为因子上压力略高于人文社会科学领域教师，总体人文社会科学领域教师职业压力高一些（见表 5.25）。

表 5.24　独立样本 t 检验分析高职院校教师职业压力的学科领域差异

		方差方程的 Levene 检验		均值方程的 t 检验					差分的 95% 置信区间	
		F 值	Sig	t 值	df	Sig.（双侧）	均值差值	标准误差值	下限	上限
工作负荷与自我发展压力	假设方差相等	0.038	0.845	−0.239	319.000	0.811	−0.12181	0.50889	−1.12302	0.87940
	假设方差不相等			−0.239	318.986	0.811	−0.12181	0.50859	−1.12242	0.87881
科研压力	假设方差相等	0.093	0.760	1.357	319.000	0.176	0.49643	0.36570	−0.22305	1.21591
	假设方差不相等			1.358	318.988	0.175	0.49643	0.36555	−0.22277	1.21563
人际关系压力	假设方差相等	0.042	0.838	−0.431	319.000	0.667	−0.11392	0.26460	−0.63452	0.40667
	假设方差不相等			−0.431	318.960	0.667	−0.11392	0.26452	−0.63435	0.40650
学生行为压力	假设方差相等	2.509	0.114	−1.271	319.000	0.205	−0.34065	0.26810	−0.86812	0.18683
	假设方差不相等			−1.273	314.842	0.204	−0.34065	0.26749	−0.86695	0.18565
管理环境压力	假设方差相等	0.108	0.743	1.340	319.000	0.181	0.25297	0.18881	−0.11850	0.62444
	假设方差不相等			1.341	318.723	0.181	0.25297	0.18863	−0.11814	0.62409

表 5.25　平均数标准差分析高职院校教师职业压力的学科领域差异

自变项	工作负荷与自我发展压力		科研压力		人际关系压力		学生行为压力		管理环境压力		职业压力	
	M	SD	M	SD	M	SD	M	SD	M	SD	M	SD
人文社会科学	3.30	1.06	3.80	1.01	2.96	0.95	3.03	0.99	3.62	0.92	3.35	1.05
自然科学	3.32	1.05	3.68	1.06	2.99	1.01	3.14	1.04	3.51	0.99	3.33	1.07

（九）高职院校教师职业压力的月收入差异分析

采用独立样本单因子变异数分析法,对高职院校教师职业压力的月收入差异进行差异显著性检验。结果表明,月收入与职业压力各因子均无显著差异(见表5.26)。平均数标准差分析发现,7001～9000元月收入教师在科研压力因子上压力较大,特别是7001～9000元月收入教师,在工作负荷与自我发展、人际关系、管理环境等各因子维度上职业压力程度均高于其他月收入段教师。因月收入与教师职称关联性较高,因此7001～9000元月收入教师大多属于副教授职称,对于自身专业发展较为关注,因此压力也随之较大(见表5.27)。

表 5.26　独立样本单因子变异数分析高职院校教师职业压力的月收入差异

因变量	自变项		均值差值	标准误差值	显著性	95% 置信区间	
						下限	上限
教师职业压力	1	2	6.88397	5.29001	0.792	−9.5070	23.2749
		3	6.38480	5.21117	0.826	−9.7619	22.5315
		4	5.27778	5.30813	0.911	−11.1693	21.7249
		5	11.62644	5.60268	0.368	−5.7333	28.9862
	2	1	−6.88397	5.29001	0.792	−23.2749	9.5070
		3	−0.49916	1.76715	0.999	−5.9746	4.9763
		4	−1.60619	2.03538	0.960	−7.9127	4.7004
		5	4.74247	2.71229	0.549	−3.6615	13.1464
	3	1	−6.38480	5.21117	0.826	−22.5315	9.7619
		2	0.49916	1.76715	0.999	−4.9763	5.9746
		4	−1.10703	1.82067	0.985	−6.7483	4.5343
		5	5.24163	2.55511	0.380	−2.6753	13.1586

续表

因变量	自变项		均值差值	标准误差值	显著性	95% 置信区间	
						下限	上限
教师职业压力	4	1	−5.27778	5.30813	0.911	−21.7249	11.1693
		2	1.60619	2.03538	0.960	−4.7004	7.9127
		3	1.10703	1.82067	0.985	−4.5343	6.7483
		5	6.34866	2.74746	0.257	−2.1643	14.8616
	5	1	−11.62644	5.60268	0.368	−28.9862	5.7333
		2	−4.74247	2.71229	0.549	−13.1464	3.6615
		3	−5.24163	2.55511	0.380	−13.1586	2.6753
		4	−6.34866	2.74746	0.257	−14.8616	2.1643

注：自变项中，1、2、3、4、5 分别表示月收入为：3000 元及以下、3001～5000 元、5001～7000 元、7001～9000 元、9001 元及以上。

表 5.27　平均数标准差分析高职院校教师职业压力的月收入差异

自变项	工作负荷与自我发展压力		科研压力		人际关系压力		学生行为压力		管理环境压力		职业压力	
	M	SD	M	SD	M	SD	M	SD	M	SD	M	SD
5000 元及以下	3.38	1.09	3.65	1.07	3.07	1.02	3.06	1.03	3.52	1.03	3.35	1.08
5001～7000 元	3.30	1.05	3.82	1.00	2.92	0.96	3.14	1.05	3.52	0.93	3.35	1.05
7001～9000 元	3.39	1.02	3.79	0.99	3.11	0.93	3.02	0.95	3.76	0.87	3.41	1.01
9001 元及以上	2.98	1.01	3.42	1.17	2.66	1.00	3.06	0.99	3.40	0.99	3.08	1.07

四、宁波高职院校教师职业压力的特征

根据高职院校教师职业压力的均值和标准差得分（$M=3.341$，$SD=1.057$），发现超过 50% 的高职院校教师的职业压力程度高于临界值 3，高职院校教师普遍存在职业压力，亟须予以关注。

在职业压力的各因素中，教师的科研压力最大，其次是管理环境压力，再依次是工作负荷与自我发展压力、学生行为压力、人际关系压力。导致教师科研压力与管理环境压力较大的原因，可以从以下方面分析：一是高职院校教育处于改革发展阶段，各类改革动向较为频繁，导致教师对此形成担忧；二是教师来源较为多元，特别是来自企业引进的人才与之前

所处的工作环境有较大不同,因此会产生管理环境方面的压力;三是教师科研能力较弱,对科研有种敬而远之的恐惧,高职院校是以"双师型"为主的教师队伍,大多数教师具有较强的专业动手实践能力,但科研思维与写作能力相对较弱,同时科研在个人发展与考核中又占有重要地位,这种矛盾的存在对教师形成压力。

高职院校教师职业压力的科研压力因子分别在教龄、学历、职称和周课时量等自变项上存在显著差异,在性别上不存在显著差异,表明性别对职业压力影响较小。教龄在 5 年及以下的教师与教龄在 16～20 年的教师在科研压力因子上存在显著差异,且 16～20 年教龄的教师在多个因子维度上压力较大。一般判断而言,16～20 年教龄的教师处于职业发展高原期,工作动力有所下降,与工作责任和挑战的不断增加形成矛盾,从而产生压力。这个阶段教师的学历普遍较低,未受过专业的科研训练,加之处于职称晋升的关键期,因此对于科研而产生的压力感较强。专科及以下学历教师与硕士研究生学历教师、本科学历教师与博士学历教师分别在科研压力因子上存在显著差异,可以判断硕士、博士等高学历教师对科研的定位与要求较高,期望与现实间的差距和矛盾带来压力。周课时量也是影响教师职业压力较为重要的因素,若课时量过多,会影响到教师其他工作、生活与家庭。因教师在教学工作之余,还有科研、社会服务等工作任务,过多的课时量一方面占用教师其他工作任务时间,另一方面影响到教师的生活与家庭,因此较易产生压力感。

宁波高职院校教师职业压力的结构研究结合国内外关于教师职业压力的研究,根据高职院校专任教师的特殊性,提出高职院校教师职业压力的理论假设,包括职业环境、职业内容、工作负荷、人际关系及自我发展等五个因素。经实证检验,将理论结构修订为工作负荷与自我发展压力、科研压力、人际关系压力、学生行为压力和管理环境压力等五个因子。高职院校教师职业压力相较普通高校教师有其特殊性,教师职业压力也有所不同。首先,高职院校教师职业压力受高职教育管理模式、教师特征、学生特点及社会影响力等因素影响,因此在学生行为、管理环境等方面产生影响。其次,高职院校教育在教学改革、考核评价等方面亦具有特殊性,对教师在工作负荷和科研等方面产生较大影响。因此,由工作负荷与自我发展压力、科研压力、人际关系压力、学生行为压力和管理环境压力等五个因素构成的高职院校教师职业压力结构具有一定的合理性。

　　研究表明,高职院校教师普遍存在职业压力,压力主要源于科研压力和管理环境压力。在对高职院校教师职业压力的差异分析中发现,科研压力因子分别在教龄、学历、职称和周课时量等自变项上存在显著差异。针对高职院校教师科研压力较大的问题,研究提出如下建议:(1)教师正确认识职业压力并掌握自我减压调节的方法,提高对科研的认识度,正确处理科研与教学的关系,积极将教学与科研有效结合,提高科研与教学的效率;(2)学校进一步加强教师科研能力提升,积极组织各层次、各维度科研辅导;(3)科研处与人事处联合开展科研结对工作,通过一对一的方式提高有效性;(4)对学历与职称相对较低的教师,开展科研知识与能力普及,对学历和职称较高的教师,提供科研培训、实践与锻炼平台。针对高职院校教师整体压力较大的问题,研究建议重点从组织支持策略入手,在教师自我调适的基础上,通过学校层面的努力,结合教师发展需求,在学校管理制度、激励机制、考核评价机制、工作环境以及工会工作等各方面给予足够的重视,力争通过一系列的措施缓解教师职业压力。

第六章　高职院校教师专业发展对策建议①②

宁波高职院校近十年的不断发展，在满足广大人民群众对高等教育需求的过程中，也为我国经济结构转型、区域经济的健康发展提供了大量的技能型人才。高职院校在接下来的发展中如何通过政策引导、机制创新、计划支持等方式推进区域高职院校教师专业发展，实现师资结构的"百花园"向教师专业发展的"百花齐放"转变是我们需要思考的重大课题。

一、坚持实施以校内人才培育为主，高端人才引进为辅的人才战略，切实提高教师专业发展水平

目前，多数高职院校为满足日益扩大的办学规模需要，在人才引进上多采用直接引进本科院校的教师或招聘硕士、博士研究生来实现学校某些专业的短、平、快发展，这不仅影响高职院校技能型人才培养质量，也不利于学院的可持续发展。因此，高职院校应坚持以学校专业为依托，围绕专业建设需要，有选择地引进一少部分高端人才，避免以往"空降兵式"的人才引进模式，应把校内专业教师作为专业建设的主力军加以培养，通过高端人才的帮助和带动，实现教师专业的全面提升。

首先，广大高职院校要加强对"双师型"教师的培养，认真贯彻执行国

①　参见王义.高职院校教师专业发展的现状及对策研究——以宁波地区为例[J].毕节学院学报，2013(10)：102-107.

②　参见王义,任君庆.提升高职院校青年教师科研能力的路径研究——以宁波为例[J].宁波职业技术学院学报，2014(2)：25-27.

家关于"培养和引进高素质双师型专业带头人和骨干教师，聘请企业行业技术骨干与能工巧匠，专兼结合的专业教师队伍建设"的工作要求，认真利用好中央财政对高职院校师资队伍建设的专项资金。"十一五"期间中央安排专项资金 20 亿元左右，这对高职院校的专业资源库建设、专业带头人和骨干教师的培养，都具有巨大的推动作用。

其次，提高企业专业技术人员和高技能人才作为学校兼职教师的比例。随着高职院校与企业合作办学的逐步深入，企业对高职教育的支持力度也逐渐加大，高职院校从企业聘请兼职教师成为加深与企业交流的最常见方式。这样既有利于解决专业教学问题，也有利于保证较高的专业水平，尤其是专业实践能力水平，同时也密切了高职院校与社会的联系，促进学校教育教学更加贴近企业需求。

最后，完善有关规章制度，充分发挥兼职教师的作用。一是适当调整对于高职院校教师任职资格的规定，使企业和社会上的高技能人才能够比较顺利地被引进学校；二是制定奖励制度，加大舆论宣传力度，积极鼓励来自企业行业的优秀人才担任兼职教师，使他们能受到社会的尊重；三是制定一些必要的优惠政策，吸引企业参与高职教育，融入学校管理，共同提高人才培养质量。

二、努力推进"学术精英"和"社会精英"进课堂工程，激发教师专业发展热情

我国高等职业教育具有双重性。在属性上，它属于职业和技术教育；在层次上，它又属于高等教育，是高等教育层次的职业教育，属于普通高等教育的范畴。因此，高等职业教育在发展过程中，要牢牢把握住职业性和高等性这两个特点，"高"决定了它必须以一定的现代科学技术、文化和管理知识及其学科为基础，注重引入"学术精英"，指导广大教师进行准确的专业定位；"职"则决定了它主要强调应用技术和职业技能的实用性与针对性，围绕生产、建设、管理和服务第一线职业岗位或岗位群的实际需要。高职院校的特殊属性决定了其师资的特殊性和复杂性，既需要一定的专业基础知识，也需要实践操作技能，来满足高职院校学生的不同需求。因此，在推进教师专业发展过程中，一方面要提高"社会精英"对高职课堂的参与度，通过邀请企业骨干、社会知名人士走进高职课堂，带动高职院校的课堂教学改革，为广大高职院校教师提供一个学习的平台，促进

自身教学理念和教学方法的变革,以社会课堂和实践课堂带动高职院校教师专业发展;另一方面,针对部分高职院校过于强调技能,忽视科研的现象,高职院校应及时给予纠正,加强宣传和引导,结合学校实际,通过邀请与学校部分专业相关的"学术精英"进校园,让广大师生近距离感受"学术精英"的风采和科研的巨大魅力,通过积极营造高水平、高层次的学术氛围,提升广大教师的科研积极性,推进教师的专业发展水平。

三、建立健全教师专业发展的评估机制和保障机制,完善教师专业发展管理体系

高职院校教师专业发展普遍面临着教师业务水平提升和专业发展的两难的问题,一方面高职院校教师要参与学生实训和企业生产,以此来适应职业院校对实践性、技能性的要求,及时提升自身业务水平以满足不断变化的岗位需求;另一方面还要投入一定的时间和精力提升自身的专业发展水平,来维护其自身利益,诸如职称晋升等。针对高职院校教师专业发展面临的实际困难,教育主管部门及高职院校应进一步建立健全教育评估机制,畅通教师业务水平与职称评定之间的渠道,建立灵活的、可操作的评估办法,把教师的专业发展与晋升渠道连接起来,提高广大教师专业发展的积极性和主动性。

四、回归教师专业发展自主权,加强教师的自我管理

"双师型"教师是目前职业院校比较认可的师资类型,这就意味着越来越多的教师要参与社会生产、学生实训等实践活动,校外课堂将成为职业院校的另一个主要教育阵地,学校的管理幅度及范围也有进一步扩大的趋势。在这种情况下高职院校对教师的管理就要有所为有所不为,在加强对教师专业发展引导的同时,还应因势利导回归教师专业发展的自主权和主动权,为其发展提供更为广阔的空间,提高其自我管理、自我提高的能力。

五、明确科研工作的指导思想和方向

高等职业教育培养的是技术应用型人才,要有解决现场技术问题的能力。这种能力的形成,既要有一定的理论基础,又要有现场的实践经验。教师要拥有对先进技术的发言权,就必须积极开展科学研究,提高自身科研水平。开展科学研究是高等教育的共同属性之一,高等职业教育

作为我国高等教育的重要组成部分，其教育质量的高低将直接影响整个高等教育发展水平。高职教育要摆脱由规模发展带来的低层次发展困境，重视科学研究，走内涵式发展道路是一条比较符合高职院校实际的路径。科学研究不仅是创新知识的重要途径，也是检验学校师资队伍水平高低的一个重要指标，因此，高职院校首先要提高科研工作对学校发展重要性的认识。同时，高职院校要根据学校特点，有重点、有针对性地开展科研工作。由于学校之间的基础不同，特点不同，科研工作的侧重点也应有所不同。普通高校的科研重在基础研究和应用研究，重在原理的突破、理论的创新，重在高新技术的研究和应用理论体系的系统性和完整性；与普通高校相比高职院校的科研则要同培养技术应用型人才这一目标结合起来，重点放在新技术的应用与科技成果的转化和推广上。最后，要积极参与企业的技术开发，帮助企业解决生产中碰到的具体技术问题。因此，高职院校在科研工作上要把握好方向，要明确自己的力量和目标，制定出可行的科研发展规划。

六、营造良好的科研氛围，提高青年教师的科研素养

高职院校教师多数以从事教学工作为主，学校一般科研工作要求较低，甚至没有，也缺乏对学科前沿动态的关注，导致高职院校教师整体科研意识较淡薄，科研积极性较低，科研素养有待提升。因此，高职院校要积极营造一个有利于教师从事科研的良好氛围。一是学院负责人及领导班子要重视科研工作，并带头从事科研工作；二是聘请专家进行科研指导，开展形式多样的专家、教授的"传、帮、带"活动，让青年教师在专家、教授的指导下开展有效的科学研究；三是建立健全科研奖励制度，对科研工作成绩突出的青年教师给予奖励，激发青年教师的科研热情和创新积极性，通过建立科研目标责任书，引导青年教师确立科学的研究方向；四是积极鼓励青年教师深入企业调查研究，参与企业的研究课题，共同开展科研联合攻关，锻炼其科研能力和素养。

七、建立健全科研评价体系，激励青年教师参与科研

评价教师的科研水平不能只看论文数量，还要看科研成果的应用推广情况，看科研成果所产生的社会和经济效益。论文固然是衡量教师科研水平的重要指标，但论文并非是所有科研成果的最终表现形式。高等院校提供给社会的不仅仅是实验室里的学术成果和研究论文，而且是为

企业发展提供成熟的技术和设备。高职院校科研要积极参与企业的技术改造、产品开发和成果推广，形成产学研结合的优势。高职院校要根据自身发展现状，拟订出符合现实的科研评价体系，处理好学术研究与技术开发之间的关系，瞄准生产一线，鼓励广大青年教师到企业中找课题，走同企业联合搞科研的道路。通过转变科研评价方式，引导青年教师把日常教学与企业技术开发结合起来，在服务企业的过程中，使自身科研能力得到锻炼，同时增强青年教师参与科研的自信心。

八、重视青年教师团队建设，培育一批专业带头人

高职院校的专业建设要紧紧围绕区域产业结构开展，要同企业、生产第一线紧密联系，了解企业的技术发展动态和企业的技术需求。高职院校要充分利用自身的专业优势，结合区域的重点产业，建设一批符合区域发展的专业群，更好地为企业发展提供帮助。专业建设质量的高低与专业带头人关系密切，没有优秀的专业带头人就很难建设有特色的专业。一般来说，建设一个好的专业除了要有系统、完整的教学计划、课程设置、教学大纲和先进的教学手段、方法以外，还必须具有较强的师资力量和相应的学科梯队。高级职称比例、学历比例、年龄结构要合理，专业带头人一般应具有正高职称，师资队伍中应有 3～4 名副高级职称的教师。目前，高职院校的师资结构及师资力量略显单薄。首先，高职院校需立足原有师资，对技术能力强、发展潜力大的青年教师要加快培养，通过改革人才选拔机制，消除论资排辈等不合理现象，为有能力、有作为、敢干事的优秀青年教师的成长提供平台，使他们加快成长为专业带头人，更好地在本专业上进行科学研究。其次，要将青年教师的培养与科研项目相结合，通过设立研究所、工作室，鼓励志同道合的教师组团进行科研，增强团队科研实力，提高服务企业的能力，吸引更多科研项目和委托课题，在不断完成项目的过程中，提升青年教师的科研能力。再次，建立公平、公开的竞争机制，在待遇上向青年骨干教师倾斜，鼓励优秀的中青年教师脱颖而出。对在技术开发和成果推广上做出突出贡献的教师给予重奖，培养出具有高职院校特征的技术大师。

总之，高职院校由于自身发展的实际，其师资结构呈现出多元化、多样化等特点，这些特点为高职院校教师专业发展提供了可能和基础。只有通过科学的政策引导、体制机制创新、加强支持等措施，才能有效促进高职院校教师的专业发展，真正实现高职院校的高质量发展。

参考文献

[1] BEIJAARD D，MEIJER P C，VERLOOP N. Reconsidering research on teachers' professional identity[J]. Teaching and teacher education,2004,20(2):107-128.

[2] BORG M G，FALZON J M. Coping actions used by Maltese primary school teachers[J]. Educational research,1990,32(1):50-58.

[3] BRICKSON S D. The impact of identity orientation on individual and organizational outcomes in demographically diverse settings[J]. Academy of management review,2000,25(1):82-101.

[4] BULLOUGH R V，BAUGHMAN K. First year teacher eight years later: an inquiry into teacher development [M]. New York: Teachers College Press,1997.

[5] BULLOUGH R. Uncertain lives: children of promise, teachers of hope[M]. New York: Teachers Colleges Press,2001.

[6] COLLINSON V，ONO Y. The professional development of teachers in the United States and Japan[J]. European journal of teacher education,2001,24(2):229.

[7] CONWAY P. Anticipatory reflection while learning to teach: from a temporally truncated to a temporally distributed model of reflection in teacher education[J]. Teaching and teacher education,2001(17):89-106.

[8] DAM T，BOLM S. Learning through participation. The potential of school-based teacher education for developing a professional identity[J]. Teaching and teacher education, 2006, 22(6):647-660.

[9] DICK R，WAGNER U，STELLMACHER J，et al. The utility of a broader conceptualization of organizational identification: which aspect is really matter?

[J]. Journal of occupational and organizational psychology,2004,77(2):171-191.

[10] DILLABOUGH J A. Gender politics and conceptions of the modern teacher: women, identity and professionalism [J]. British journal of sociology of education,1999,20(3):373-394.

[11] FLORES M A, DAY C. Contexts which shape and reshape new teachers' identities:a multi-perspective study[J]. Teaching and teacher education,2006, 22(2):219-232.

[12] GOODSON I F, COLE A L. Exploring the teacher[J]. Teacher education quarterly, 1994,21(1):85-105.

[13] KELCHTERMANS G. Telling dreams, a commentary to newman from a European context[J]. International journal of educational research,2000(33): 209-211.

[14] KNOWLES G J. Models of understanding pre-service and beginning teachers' biographies[M]// GOODSON. Studying teachers' lives. London: Routledge, 1992.

[15] KREMER L,HOFMAN J E. Teachers' professional identity and burnout[J]. Research in education,1981(34):89-93.

[16] KYRIACOU C, SUTCLIFFE J. Teacher stress: prevalence, sources and symptoms [J]. British journal of educational psychology, 1978, 48 (2): 159-167.

[17] MACLURE M. Arguing for yourself: identity as an organizing principle in teachers' jobs and lives[J]. British Educational Research Journal,1993,19(4): 311-322.

[18] MALM B. Constructing professional identities: montessori teachers' voices and visions[J]. Scandinavian journal of educational research, 2004,48(4):397-412.

[19] MELUCCI A. The playing self: person and meaning in the planetary society [M]. Cambridge: Cambridge University Press,1996.

[20] NEWMAN S. Seeds of professional development in preservice teachers: a study of their dreams and goals[J]. International journal of educational research, 2000,33(2):123-217.

[21] PREUSS E, HOFSASS T. Integration in the Federal Republic of Germany: experiences related to professional identity and strategies of teacher training in Berlin[J]. European journal of teacher education,1991,14(2):131-137.

[22] PROWELLER A, MITCHENER C P. Building teacher identity with urban youth: voices of beginning middle school science teachers in an alternative

certification program[J]. Journal of research in science teaching,2004,41(10):1044-1062.

[23] SAMUEL M, STEPHENS D. Critical dialogues with self: developing teacher identities and roles-a case study of South Africa student teachers [J]. International journal of educational research, 2000,33(5):475-491.

[24] SLEEGERS P, KELCHTERMANS G. Introduction to the theme issue: teachers' professional identity[J]. Pedagogisch tijdschrift,1999,24(4):369-373.

[25] SPIELBERGER C D, REHEISER E C. Measuring occupational stress, the job stress survey[M]// CARNDALL R, PERREWE P L. Occupational stress:a handbook. Abingdon UK: Taylor and Francis Group,1995.

[26] STEELEY S L. Language, Culture and Professional Identity: Cultural Productions in a Bilingual Career Ladder Training Program[D]. Virginia: George Mason University, 2005.

[27] TWISELTON S. The role of teacher identities in learning to teach primary literacy[J]. Educational review,2004,56(2):157-164.

[28] VAN DEN BERG R. Teachers' meanings regarding educational practice[J]. Review of educational research, 2002,72(4):577-625.

[29] VON KROGH G,ICHIJO K,NONAKA I. Enabling knowledge creation[M]. Oxford: Oxford University Press,2000.

[30] WAH T. Professional development and perceptions of professional identity amongst some teachers in a school for mentally retarded children[C]. Paper presented at the 8th conference of the International Study Association on Teacher Thinking, Kiel,Germany,1997.

[31] 蔡怡,张义平,宋现山.高职院校"双师型"教师队伍建设的困境与对策——基于江苏高职院校师资发展的现实考察[J].国家教育行政学院学报,2011(6):29-32.

[32] 曹晖.试析中小学教师职业压力[J].当代教育科学,2006(1):55-56.

[33] 车文博.心理咨询大百科全书[M].杭州:浙江科学技术出版社,2001.

[34] 陈瑶.天津市高职院校青年教师职业压力及对策研究[D].天津:天津大学,2009.

[35] 陈会昌,胆增寿,陈建绩.青少年心理适应性量表(APAS)的编制及其初步常模[J].心理发展与教育,1995(3):28-32.

[36] 陈时见.学校教育变革与教师适应性研究[M].北京:商务印书馆,2006.

[37] 陈德云.教师专业发展的"危机阶段"关注[J].上海:上海教育科研,2003(9):9-12.

[38] 陈良民.当前大学教师面临的职业压力与调适[J].职业时空,2007(22):9.

[39] 陈新文.论教师专业化及其发展[D].武汉:华中师范大学,2003.

[40] 陈永明,朱益明,胡章萍,等.教师教育研究[M].上海:华东师范大学出版社,2003.

[41] 程宜康.基于多维学术观的高职院校教师发展辨析[J].国家教育行政学院学报,2012(5):22-26.

[42] 辞海编辑委员会.辞海[M].缩印本.上海:上海辞书出版社,2010.

[43] 崔新玲.农村幼儿园转岗教师职业适应研究[D].西安:陕西师范大学,2012.

[44] 戴锐.新教师职业适应不良及其防范[J].教育探索,2002(4)95-97.

[45] 董妍,江照富,俞国良.职业技术学校教师的职业压力、应对方式与社会支持调查[J].中国临床心理学杂志,2005(1):60-61.

[46] 杜丹,程丽.我国教师压力的研究现状及展望[J].现代教育科学,2007(6):50-51.

[47] 樊富珉.社会现代化与人的心理适应[J].清华大学学报(哲学社会科学版),1996(4):45-50.

[48] 方俐洛,凌文辁,刘大维.职业心理与成功求职[M].北京:机械工业出版社,2001.

[49] 方明军,毛晋平.我国大学教师职业认同现状的调查与分析[J].高等教育研究,2008(7):56-61.

[50] 冯健榕.高中新教师职业适应性的现状研究[D].上海:华东师范大学,2008.

[51] 顾明远.教育大词典[M].上海:上海教育出版社,1990.

[52] 郭平.当代青年的职业适应[J].中国青年研究,2006(7):78-80.

[53] 国家中长期教育改革和发展规划纲要工作小组办公室.国家中长期教育改革和发展规划纲要(2010-2020年)[EB/OL].(2010-07-29)[2016-10-01].http://www.moe.edu.cn/publicfiles/business/htmlfiles/moe/moe_838/201008/93704.html.

[54] 国务院.国务院关于《中国教育改革和发展纲要》的实施意见:国发〔1994〕39号[EB/OL].(1994-07-03)[2016-10-01].http://old.moe.gov.cn/publicfiles/business/htmlfiles/moe/s6986/200407/2483.html.

[55] 郭俊林.高校教师工作压力与组织支持感关系研究[D].南昌:华东交通大学,2008.

[56] 郭娜.初任小学美术教师入职适应现状调查与影响因素研究[D].南京:南京师范大学,2011.

[57] 黄琼,王会明.高职教师职业压力量表的编制[J].温州职业技术学院学报,2008(6):10-13.

[58] 何东昌. 中华人民共和国重要教育文献(1998—2002)[M]. 海口:海南出版社,2003.

[59] 胡晓霞. 高职院校教师考核评价机制构建的实践探索与思考——以国家示范高职院校 A 学院为例[J]. 职教论坛,2015(14):14-17.

[60] 黄芳铭. 社会科学统计方法学:结构方程模式[M]. 台北:五南图书出版股份有限公司,2003.

[61] 冀斌. 人格发展的模式与职业适应的人格心理分析[J]. 宁夏大学学报(社会科学版),1997(1):120-122.

[62] 教育部. 关于全面提高高等职业教育教学质量的若干意见:教高〔2006〕16 号[EB/OL]. (2006-11-20)[2016-10-01]. http://www. moe. edu. cn/publicfiles/business/htmlfiles/moe/moe_745/200612/19288. html.

[63] 教育部. 教育部办公厅关于全面开展高职高专院校人才培养工作水平评估的通知:教高厅〔2004〕16 号[EB/OL]. (2015-06-01)[2016-10-01]. http://www. moe. edu. cn/publicfiles/business/htmlfiles/moe/moe_42/201010/110099. html.

[64] 教育部. 关于进一步完善职业教育教师培养培训制度的意见:教职成〔2011〕16 号[EB/OL]. (2011-12-24)[2016-10-01]. http://www. moe. edu. cn/publicfiles/business/htmlfiles/moe/moe_960/201201/xxgk_129037. html.

[65] 金美玲. 延边地区初中初任教师教职适应研究[D]. 延吉:延边大学,2008.

[66] 荆其诚. 简明心理学百科全书[M]. 长沙:湖南教育出版社,1991.

[67] 寇冬泉. 教师职业生涯高原:结构、特点及其与工作效果的关系[D]. 重庆:西南大学,2008.

[68] 蓝秀华. 教师的职业压力和职业倦怠[J]. 江西教育科研,2003(5):23-25.

[69] 李岚清. 李岚清教育访谈录[M]. 北京:人民教育出版社,2003.

[70] 梁丽珍,马丽君. 大学体育教师专业化的内涵、标准及实现途径[J]. 考试周刊,2008(23):13-14.

[71] 刘育锋. 论职教教师的职业属性[J]. 中国职业技术教育,2007(11):33-35.

[72] 刘春生,徐长发. 职业教育学[M]. 北京:教育科学出版社,2002.

[73] 刘合群. 职业教育学[M]. 广州:广东高等教育出版社,2004.

[74] 刘捷. 专业化:挑战 21 世纪的教师[M]. 北京:教育科学出版社,2002.

[75] 刘文. 高校教师的职业压力与心理健康研究[D]. 无锡:江南大学,2010.

[76] 马晓燕. 高校教师职业压力成因及对策研究[D]. 济南:山东师范大学,2008.

[77] 马树超,等. 中国高等职业教育:历史的抉择[M]. 北京:高等教育出版社,2009.

[78] 孟丽丽,司继伟,徐继红. 教师职业压力研究综述[J]. 山东教育学院学报,2006(3):6-7,11.

[79] 彭艳. 高校教师职业压力分析及应对策略研究[D]. 武汉:中南民族大学,2008.

[80] 钱懿琦.初任教师入职适应特点及其影响因素研究[D].上海:华东师范大学,2009.

[81] 任波,孙玉中.探析高职教师能力标准的构建[J].中国高等教育,2009(1):49-50.

[82] 沙莲香.社会心理学[M].北京:中国人民大学出版社,2002.

[83] 上海市教育科学研究院,麦可思研究院.2014中国高等职业教育质量年度报告[R].北京:高等教育出版社,2014.

[84] 申继亮.教师的职业压力与应对[J].中国教师,2003(7):15-16.

[85] 束仁龙.高校教师职业压力问题研究[D].济南:山东师范大学,2008.

[86] 宋清龙.高职院校教师专业发展的若干问题研究[D].武汉:华中师范大学,2007.

[87] 孙翠香,卢双盈."双师型"教师政策变迁:过程、特点及未来态势[J].职业技术教育,2013(28):48-54.

[88] 台湾师范教育学会.教育专业[M].台北:师大书苑有限公司,1992.

[89] 滕大春.外国教育通史:第6卷[M].济南:山东教育出版社,2003.

[90] 王赐文.高校教师职业压力与缓解策略[D].长沙:湖南大学,2008.

[91] 王琪.高职院校教师专业发展的三个向度[J].中国高等教育评论,2014(5):212-213.

[92] 王琪,韩利红,张振.高职院校教师职业适应:结构模型与实施特征[J].教育与职业,2018(13):84-89.

[93] 王琪,张菊霞.我国高职教育专任教师队伍建设:政策演进、成就与问题[J].职教论坛,2016(35):5-9.

[94] 王义.高职院校教师专业发展的现状及对策研究——以宁波地区为例[J].毕节学院学报,2013(10):102-107.

[95] 王义,任君庆.提升高职院校青年教师科研能力的路径研究——以宁波为例[J].宁波职业技术学院学报,2014(2):25-27.

[96] 王义澄.努力建设"双师型"教师队伍[J].高等工程教育研究,1991(2):49-50.

[97] 王颖.高校青年教师职业压力来源分析及缓解对策[J].教育与职业,2012(24):73-74.

[98] 魏淑华.教师职业认同与教师专业发展[D].曲阜:曲阜师范大学,2005.

[99] 吴慎慎.教师专业认同与终身学习:生命史叙述研究[D].台北:台湾师范大学,2003.

[100] 吴明隆.SPSS统计应用实务[M].北京:中国铁道出版社,2001.

[101] 肖凤翔,张宇.高等职业院校教师职业认同的现状及强化路径[J].天津大学学报(社会科学版),2014(5):427-431.

[102] 徐长江.工作压力系统研究:机制、应付与管理[J].浙江师范大学学报,1999(5):120-123.

[103] 闫祯.高师中青年教师工作压力状况研究[J].理工高教研究,2006(4):57-59.

[104] 杨志刚,曹志清,陆亦佳.高职院校教师职业压力现状调查及其对策研究[J].职教论坛,2012(4):72-75.

[105] 杨阿丽,王见艳.中等职业学校教师职业压力研究[J].沈阳师范大学学报(社会科学版),2005(3):29-32.

[106] 杨小艳.浅析教师职业压力与应对策略[J].科教文汇,2006(10):14-15.

[107] 叶春生.二十年的实践与探索——高等职业技术教育论文集[M].北京:高等教育出版社,2004.

[108] 叶澜,等.教师角色与教师发展新探[M].北京:教育科学出版社,2001.

[109] 勇健.山东省高职学校教师职业压力状况的调查与思考[D].济南:山东师范大学,2006.

[110] 于慧慧.中学青年教师职业认同现状研究——来自湖南省小城市中学的调查[D].长沙:湖南师范大学,2006.

[111] 余燕黎.重庆主城初中英语新教师职业适应的研究[D].重庆:重庆师范大学,2010.

[112] 袁振国.中国教育政策评论2001[G].北京:教育科学出版社,2002.

[113] 张德锐.美国教学专业化的三个机制作用及其借鉴[G]//师资培育与教育革新研究.台北:五南图书出版有限公司,1998.

[114] 张菊霞,任君庆.高职院校教师职业压力:模型检验与实证分析[J].中国高教研究,2017(9):89-93,104.

[115] 张俊超.大学场域的游离部落——研究型大学青年教师发展现状及应对策略[D].武汉:华中科技大学,2008.

[116] 张宁俊,朱伏平,张斌.高校教师职业认同与组织认同关系及影响因素研究[J].教育发展研究,2013(21):53-59.

[117] 张睿.中小学新教师职业适应的影响因素研究[D].重庆:西南大学,2009.

[118] 张文彤.SPSS统计分析基础教程[M].北京:高等教育出版社,2004.

[119] 张振,王琪.高职院校教师职业认同结构与特点研究——基于宁波6所高职院校的调查[J].职教论坛,2017(10):36-41.

[120] 赵宏玉,齐婷婷,张晓辉,等.免费师范生的教师职业认同:结构与特点实证研究[J].教师教育研究,2011(6):62-66.

[121] 赵康.关于发展中国咨询产业/专业的宏观理性思考——一个中外比较研究视角的分析[J].江苏行政学院学报,2006(6):48-53.

[122] 赵立芹.教师压力成因分析[J].外国教育研究,2004(2):38-40.

［123］郑肇桢.教师教育［M］.香港:香港中文大学出版社,1987.

［124］中国社会科学院语言研究所词典编辑室.现代汉语词典［M］.7版.北京:商务
　　　印书馆,2016.

［125］周明星.中国职业教育学科发展30年［M］.上海:华东师范大学出版社,2009.

［126］朱丽莎.新编健康心理学［M］.武汉:武汉大学出版社,2007.

［127］朱雪梅.高职教师专业能力标准的内涵与框架［J］.职业技术教育,2010(1):
　　　56-58.

［128］朱智贤.心理学大词典［M］.北京:北京师范大学出版社,1989.

附录一　宁波高职院校教师职业认同调查问卷

> 尊敬的老师：
>
> 　　您好！此问卷目的是要了解高职院校专任教师的职业认同。问卷采取匿名方式，调查数据将予以保密，请您放心作答。感谢您对本研究的支持！
>
> 高职院校专任教师职业认同研究课题组

1. 性别：□男　□女
2. 教龄：□5 年及以下　　□6～10 年　　□11～15 年　　□16～20 年　□21 年及以上
3. 岗位：□教学岗位　□教学兼管理岗位
4. 学历：□专科及以下　　□本科　　□硕士研究生　　□博士研究生
5. 职称：□初级或无职称　　□中级　　□副高级　　□正高级
6. 工作经历：□毕业后直接进入高职院校工作
　　　　　　　□在企事业单位工作后进入高职院校工作
　　　　　　　□在本科院校工作后进入高职院校工作
　　　　　　　□在其他高职院校工作后进入现单位
7. 每周课时量：□8 节及以下　　□9～16 节　　□17～20 节
　　　　　　　　□21 节及以上
8. 学科：□人文社会科学　□自然科学

9. 月收入：□3000 元及以下　　□3001～5000 元　　□5001～7000 元
　　　　　　□7001～9000 元　　□9001 元及以上

请根据您的实际情况，"√"选最合适的选项。

非常符合	符合	一般	不符合	非常不符合	
5	4	3	2	1	我主动向有经验的教师请教。
5	4	3	2	1	我认真完成工作任务。
5	4	3	2	1	从事高职院校教师职业能够实现我的人生价值。
5	4	3	2	1	我为自己是一名高职院校教师而自豪。
5	4	3	2	1	我认为高职院校教师在促进社会发展中发挥重要作用。
5	4	3	2	1	当有人指责高职院校教师时，我感到委屈。
5	4	3	2	1	有关高职院校教师的负面报道，会让我感到气愤。
5	4	3	2	1	我希望通过自己的工作赢得他人的认可与赞同。
5	4	3	2	1	我认为高职院校教师在促进学生发展中发挥重要作用。
5	4	3	2	1	我从未考虑过离开高职院校教师的工作岗位。
5	4	3	2	1	在自我介绍时，我愿意提到我是一名高职院校教师。
5	4	3	2	1	我在乎别人如何看待高职院校教师的职业。
5	4	3	2	1	作为一名高职院校教师，我觉得受人尊重。
5	4	3	2	1	我主动协助其他教师共同完成工作任务。

附录二 宁波高职院校教师职业适应调查问卷

尊敬的老师:

您好!此问卷目的是要了解高职院校教师的职业适应状况。问卷采取匿名方式,调查数据将予以保密,请您放心作答。感谢您对本研究的支持!

高职院校专任教师职业适应研究课题组

1. 性别:□男　□女
2. 教龄:□5 年及以下　□6～10 年　□11～15 年　□16～20 年
　　　　□21 年及以上
3. 岗位:□教学岗位　□教学兼管理岗位
4. 学历:□专科及以下　□本科　□硕士研究生　□博士研究生
5. 职称:□初级或无职称　□中级　□副高级　□正高级
6. 工作经历:□毕业后直接进入高职院校工作
　　　　　　□在企事业单位工作后进入高职院校工作
　　　　　　□在本科院校工作后进入高职院校工作
　　　　　　□在其他高职院校工作后进入现单位
7. 每周课时量:□8 节及以下　□9～16 节　□17～20 节
　　　　　　　□21 节及以上
8. 学科:□人文社会科学　□自然科学

9. 月收入:□3000 元及以下　□3001～5000 元　□5001～7000 元
　　　　　□7001～9000 元　□9001 元及以上

请根据您的实际情况，"√"选最合适的选项。

非常符合	符合	一般	不符合	非常不符合	
5	4	3	2	1	我喜欢现在的工作状态。
5	4	3	2	1	我有详细的职业发展规划。
5	4	3	2	1	科研任务让我觉得紧张。
5	4	3	2	1	撰写论文使我头痛。
5	4	3	2	1	我在准备教学时觉得焦虑。
5	4	3	2	1	我认为社会服务是教师合理的工作内容。
5	4	3	2	1	参加社会服务时我觉得轻松。
5	4	3	2	1	我认为教师必须参加企业实践。
5	4	3	2	1	去企业实践时我情绪好。
5	4	3	2	1	我觉得教师的职业约束多。
5	4	3	2	1	我觉得学校的管理制度严格。
5	4	3	2	1	我喜欢单位的工作氛围。
5	4	3	2	1	我对未来职业发展有信心。
5	4	3	2	1	我与同事关系融洽。
5	4	3	2	1	我经常参与所在团队的各项活动。
5	4	3	2	1	我与学生关系融洽。
5	4	3	2	1	我觉得与学生交流是一件愉快的事情。
5	4	3	2	1	学生管理给我带来困扰。

附录三　宁波高职院校教师职业压力调查问卷

尊敬的老师:

　　您好! 此问卷目的是要了解高职院校教师的职业压力状况。问卷采取匿名方式,调查数据将予以保密,请您放心作答。感谢您对本研究的支持!

高职院校专任教师职业压力研究课题组

1. 性别:□男　□女
2. 教龄:□5 年及以下　□6～10 年　□11～15 年　□16～20 年
　　□21 年及以上
3. 岗位:□教学岗位　□教学兼管理岗位
4. 学历:□专科及以下　□本科　□硕士研究生　□博士研究生
5. 职称:□初级或无职称　□中级　□副高级　□正高级
6. 工作经历:□毕业后直接进入高职院校工作
　　　　　　□在企事业单位工作后进入高职院校工作
　　　　　　□在本科院校工作后进入高职院校工作
　　　　　　□在其他高职院校工作后进入现单位
7. 每周课时量:□8 节及以下　□9～16 节　□17～20 节
　　　　　　　□21 节及以上
8. 学科:□人文社会科学　□自然科学

9. 月收入:□3000 元及以下　□3001～5000 元　□5001～7000 元
　　　　　□7001～9000 元　□9001 元及以上

请根据您的实际情况，"√"选最合适的选项。

非常符合	符合	一般	不符合	非常不符合	
5	4	3	2	1	科研任务让我觉得紧张。
5	4	3	2	1	撰写论文使我头痛。
5	4	3	2	1	我在准备教学时觉得焦虑。
5	4	3	2	1	与领导沟通时我觉得紧张。
5	4	3	2	1	同事间的竞争让我紧张。
5	4	3	2	1	我觉得教师的职业约束多。
5	4	3	2	1	我觉得学校的管理制度严格。
5	4	3	2	1	学生管理给我带来困扰。
5	4	3	2	1	学校人事制度变动会引起我的焦虑。
5	4	3	2	1	学校的考核指标会引起我的焦虑。
5	4	3	2	1	信息化教学让我觉得紧张。
5	4	3	2	1	学生上课的表现令我不高兴。
5	4	3	2	1	学生的作业完成情况令我不高兴。
5	4	3	2	1	申请课题让我觉得焦虑。
5	4	3	2	1	教学考核结果让我觉得沮丧。
5	4	3	2	1	教学检查评比让我觉得焦虑。
5	4	3	2	1	工作量让我觉得焦虑。
5	4	3	2	1	经常需要加班，我觉得焦虑。
5	4	3	2	1	家庭和工作兼顾让我觉得累。
5	4	3	2	1	想到学历需要提升时觉得焦虑。
5	4	3	2	1	想到职称需要提升时觉得焦虑。

索　引

后　记

　　《高职院校教师专业发展研究:基于宁波市六所高职院校的实证研究》是 2015 年宁波市社会科学研究基地——宁波高职教育强市研究基地立项课题的研究成果。本书是集体研究的成果,总体研究框架由宁波职业技术学院王琪、任君庆设计,第一章第一、第二节由祝蕾撰写,第三节由王琪撰写;第二章第一、第二节由王义撰写,第三节由胡晓霞撰写;第三章由张振撰写;第四章由王琪、刘春朝撰写;第五章由张菊霞撰写;第六章由任君庆、王义、王扬撰写;全书由王琪、任君庆统稿。本书部分内容已在专业期刊发表,相关内容在收入时略有修改。

　　本书写作过程中得到宁波市社会科学院的大力支持与指导,在此深表感谢。由于编者水平有限,书中尚存在诸多不足之处,敬请读者批评指正。

图书在版编目（CIP）数据

　　高职院校教师专业发展研究：基于宁波市六所高职
院校的实证研究 / 王琪，任君庆编著. —杭州：浙江大学
出版社，2019.3
　　（宁波学术文库）
　　ISBN 978-7-308-19012-1

　　Ⅰ.①高… Ⅱ.①王… ②任… Ⅲ.①高等职业教育
－师资培养－研究－宁波　Ⅳ.①G715

　　中国版本图书馆 CIP 数据核字（2019）第 043910 号

高职院校教师专业发展研究

基于宁波市六所高职院校的实证研究

王　琪　　任君庆　编著

策划编辑	吴伟伟
责任编辑	杨利军
文字编辑	王建英
责任校对	周　群　沈　倩
封面设计	春天书装
出版发行	浙江大学出版社
	（杭州市天目山路 148 号　邮政编码 310007）
	（网址：http://www.zjupress.com）
排　　版	浙江时代出版服务有限公司
印　　刷	虎彩印艺股份有限公司
开　　本	710mm×1000mm　1/16
印　　张	9
字　　数	152 千
版 印 次	2019 年 3 月第 1 版　2019 年 3 月第 1 次印刷
书　　号	ISBN 978-7-308-19012-1
定　　价	42.00 元